THE HUMAN EDGE

HOW CURIOSITY & CREATIVITY
ARE YOUR SUPERPOWERS
IN THE DIGITAL ECONOMY
BY GREG ORME

本能优势

好奇心与创造力
如何成为
你的超级力量

［英］格雷格·沃姆　著
（Greg Orme）

尹楠　译

湖南文艺出版社
HUNAN LITERATURE AND ART PUBLISHING HOUSE

博集天卷
CS-BOOKY

著作权合同登记号：图字18-2021-190

图书在版编目（CIP）数据

本能优势 /（英）格雷格·沃姆（Greg Orme）著；尹楠译 . -- 长沙：湖南文艺出版社，2022.4
书名原文：Human Edge
ISBN 978-7-5726-0571-0

Ⅰ.①本… Ⅱ.①格…②尹… Ⅲ.①人工智能—研究 Ⅳ.① TP18

中国版本图书馆 CIP 数据核字（2022）第 011098 号

上架建议：商业·成长

BENNENG YOUSHI
本能优势

作　　者：[英]格雷格·沃姆（Greg Orme）
译　　者：尹　楠
出 版 人：曾赛丰
责任编辑：刘雪琳
监　　制：秦　青
特约策划：曹　煜
文字编辑：巩树蓉
版权支持：金　哲
营销编辑：王思懿
封面设计：崔浩原
版式设计：潘雪琴
出　　版：湖南文艺出版社
　　　　　（长沙市雨花区东二环一段 508 号　邮编：410014）
网　　址：www.hnwy.net
印　　刷：三河市天润建兴印务有限公司
经　　销：新华书店
开　　本：680mm×955mm　1/16
字　　数：248 千字
印　　张：18.5
版　　次：2022 年 4 月第 1 版
印　　次：2022 年 4 月第 1 次印刷
书　　号：ISBN 978-7-5726-0571-0
定　　价：58.00 元

若有质量问题，请致电质量监督电话：010-59096394
团购电话：010-59320018

多方赞誉

不要害怕。《本能优势》将教你如何在人工智能革命中打败机器。读完这本书后，4C力成了我的每日箴言。强烈推荐给技术恐惧者与数字原住民。

丽莎·佩林，恩德莫尚集团创意网络CEO

忘掉"恐惧"吧，这本书能告诉你如何在与人工智能共享的未来生存甚至不断成长的方法。这本书告诉我们为什么我们不会被取代，我们又如何与人工智能共建合作关系

马克·亚当斯，国际奥委会媒体总监

这是一本能帮助你和你的孩子在计算机化竞争时代保持领先一步的21世纪指南。

艾德里安·蒙克，世界经济论坛董事会成员

这本书是聪明人对未来的指导。

朱尔斯·戈尔德，伦敦商学院教学研究员，
《常识的正面与反面》合著者

对于任何寻求在我们这个不断变化的世界中发挥影响的人来说，这都是一本意义重大的书，因为正是这些独特的品质使我们成为真正的人类。

朱利安·伯金肖，伦敦商学院战略与创业学教授，
《快速前进：让你的公司适应未来》合著者

关掉手机，集中注意力，好好阅读这本重要的书。这是一本能让你在21世纪保有工作（可能还有思想）的重要指南。

理查德·沃特森，《智能化社会》作者

这是第一本面对人工智能革命问题时展现出乐观、自信精神，并且提供了如何在人机共存的世界中获得成功的实用方法的书。

阿梅勒·萨维丹，佛吉亚大学，领导力项目主管

这本书令人耳目一新，充满实用建议。如果你想在人工智能驱动的未来有所作为，4C模式极具参考价值。

彼得·克纳普，合伙人，安永中东欧咨询主管

老板们担心无法通过员工的敬业和创造力来推动创新，而《本能优势》正好为他们开辟了一条可以从现在开始践行的实用途径。

丹尼尔·M.凯布尔，伦敦商学院组织行为学教授，《激活》作者

如果你正处于工作环境迅速自动化的绝境，格雷格·沃姆给你递来了一根绳子。《本能优势》将逐步指导你使用你的创造性超能力，在由人工智能驱动的世界中找到自己的位置。

加里·罗杰斯，雷达自动化通讯社联合创始人、总编

这本书令人兴奋又恐惧，同时鼓舞人心，且非常实用，你应该看看这本书。这本书极具影响力，能改变我们的工作方式。

丹·伯尔曼，整合营销代理公司查普特CEO

在这个充满混乱与动荡的世界中，格雷格·沃姆提醒我们，人的独有属性使得我们能够有效应对危机，参与竞争。这本书是在当今世界生

存的重要指南。

对于任何试图在第四次工业革命中找到指南针的人来说，《本能优势》是强大的导航工具。

布莱恩·K.培根，牛津领导力集团执行主席

这本书令人信服，让我们相信各行各业的每一名员工都可以学会利用自己与生俱来的创造力，在这个全新的环境中生存和发展。看看这本吧：它妙趣横生，非常值得一读。

威尔·哈里斯，人工智能博客平台恩泰尔传媒CEO

格雷格·沃姆又来了。他用流畅的文笔和犀利的观点告诉我们，下一个世纪不属于智能机器和人工智能，而是属于我们所有人。如果你想知道如何在这个全新的世界中竞争，《本能优势》将带你踏上一条稳当的大道，并为你指引方向。

约翰·马林斯，《零成本创业》和《如何测试商业模式》作者

任何想在21世纪生存和发展的人都必须看《本能优势》。

迪德里克·沃斯，美国电化学学会执行主席

《本能优势》穿透人工智能的喧嚣，为我们提供了一个实用的指南，让我们在工作乃至更广泛的领域，欣然接受我们作为人类的关键特色。对于那些想要拥抱未来（不仅想要竞争和生存，还希望有所作为）的人来说，这本书是必不可少的读物，它实例丰富，同时还详细说明了实施步骤。

丽贝卡·霍姆科斯博士，伦敦商学院战略与创业学系教学研究员，

高速增长战略专家、执行顾问和全球主题演讲人

这本书极具洞察力，同时又实用、易懂、发人深省，全书条理分明。这就是你所需要的未来图景：乐观向上、鼓舞人心。

格雷姆·科德灵顿，未来学家、作家和明天今天全球公司CEO

如果你想在今天的现代职场中稳步成长，必须看看这本，它通俗易懂，还给你支了很多高招。

盖伊·弗拉什曼，创造内容公司CEO和创始人

如果你不仅想在创新经济中生存，还想要有所成就，你必须让自己有别于人工智能。《本能优势》揭示了在人工智能时代取得成功所需的知识、技能和行为。我强烈推荐这本书，它是培养以好奇心和创造力为核心的成长型心态的战略指南。

肖恩·谢帕德，成长X和成长X学院系列联合创始人，"如何与人类交谈"播客主持人

面对人工智能令人畏惧的力量，《本能优势》让我意识到身为人类是多么美好，我们有能力提出问题、发现价值，以及塑造未来。

约翰·麦克内利，易乐思创意总监

目 录
Contents

作者简介
Biography

格雷格·沃姆是一名演讲家、导师和作家，他已经在全世界发表了350多场演讲。

他的工作以目的为导向，专注于研究个体和组织如何在急剧变化的世界，通过支持创造力、创新和创业精神的行为和文化，实现自身的成长和发展。

格雷格还是伦敦商学院的项目主管，在那里，他创建了创意商业中心。他与银行、保险、汽车、消费品、制造业和科技等领域的全球性组织一起领导了多项转型变革计划。与此同时，他还主持了一系列大型创业领袖会议。

格雷格合作过的客户包括天空电视台、奥美集团、亿贝网、国际奥林匹克委员会、世界经济论坛、亚马逊线上消息队列服务、凯度集团、任仕达集团、高知特科技、埃森哲咨询公司、阿提哈德航空、阿卡迪亚集团和维珍传媒。他的第一本书《创意型组织：高创新力企业的10个管理习惯》已出版简体中文版。

当他不用飞往世界各地发表演讲时，格雷格就与妻子和两个十几岁的儿子，以及一只友善的深褐色拉布拉多犬罗洛一起待在英国林木茂盛的沃里克郡的家中。

想要了解更多格雷格的信息可以登录其网站：http://gregorme.org/.

作者致谢
Convey Thanks

毫不夸张地说，尝试用语言来解释究竟是什么让一个人成为人，并对人工智能这一不可思议的新兴领域加以阐释，实在是个挑战。毋庸置疑，在许多人的帮助下，这本书才得以出版。我需要向这些人致以诚挚的谢意。

首先，非常感谢了不起的读者们：这些好心人花费其宝贵时间来阅读尚未完成的初稿，并悉心指导我写作。这些慷慨的好心人包括恩雅·琼斯、杰米·安德森、朱莉安娜·布兰科-考尔丁斯基、彼得·穆兰-法罗兹、安德鲁·麦克伦南、理查德·沃特森、拉尔夫·刘易斯、朱尔斯·戈达德、本·莱特、马特·布鲁尔、本·哈迪、温迪·费尔、约翰·麦克奈利、卡洛琳·汤普森、达米安·菲茨西蒙斯、利马·哈拉维、拉希尔·赫达拉马尼和乔恩·希尔。同时还要感谢西里尔·科特列文、尼罗·希瓦纳森、丹·凯布尔、加里·罗杰斯、詹姆斯·坦普尔、基思·科茨、丽莎·吉布斯和蒂姆·雷德，愿意抽出时间与我见面讨论这本书的创作相关问题。

我还要特别感谢伦敦商学院的所有同事。伦敦商学院是世界上最优秀的商学院之一，我很荣幸成为其中一员。同时，我也感到十分幸运，能在世界各地拥有非常棒的客户，他们允许我在各种主题演讲中发表对这一问题的看法，并就此与我展开讨论。谢谢你们所有人，无论身在阿布扎比，还是硅谷！除此之外，我还想特别感谢众多杰出的领导者，他们来自世界各地，积极地参与我的领导力发展项目。与你们一起共事总是能带给我很多值得思考的东西。

在此，我还想感谢牛津领导力学院和伊鲁斯特拉有限公司[1]给我机会在网上发表这些内容。我还要感谢富有洞察力、意志坚定的培生编辑艾洛伊斯·库克。

我还要向我的爸爸格拉汉姆和两位姐姐谢丽尔和卡罗尔致以深深的谢意。谢谢你们的鼓励，以及提供宝贵的反馈意见。如果没有你们，我该怎么办？我希望这本书也能让我的妈妈感到骄傲。

这是我的第二本书，但却是我第一本获得了两个宝贝儿子弗雷迪和加布反馈意见的作品。谢谢你们的好主意，小伙子们。我一直为你们感到无比骄傲。

当然，最热烈的感谢要献给吃苦耐劳、积极支持我的工作的好妻子苏菲。你是个伟大的女人！谢谢你帮我达成心愿。亲爱的，如果没有你，我真的无法完成这本书。

最后，我发现，只要跟别人聊起这个话题，立刻就能引得他们展开丰富的想象。因此，在思考这个问题的同时，我与世界各地的人展开了热烈的讨论：在人工智能的世界里，人类还能做些什么？感谢所有容忍我絮絮叨叨的人，以及在这条路上帮助过我的人。

另外，显而易见，本书中所有的错误和疏漏都是我的错。

1　针对销售人员和公司高管，以在线视频培训项目形式进行相关培训的机构。作者格雷格·沃姆是该公司的项目导师。——译者注

Part I

人类的挑战

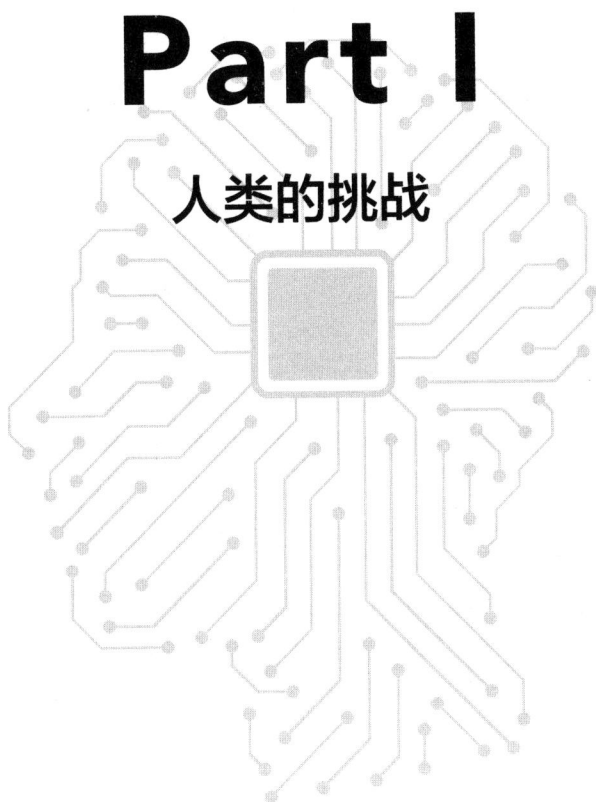

The Human Challenge

我谨代表个人，欢迎我们的电脑霸主。

—— 智力竞赛节目《危险边缘》冠军肯·詹宁斯在输给国际商业机器公司
（IBM）人工智能沃森后发表的感言[1]

第1章　成为更有人性的人类

为什么要停止与人工智能竞争，并使自己与其有所区别？

你好。

现在跟你交流的不是你的笔记本电脑、台式电脑或智能手机，也不是亚马逊的语音助手亚历克莎（Alexa）、苹果的希瑞（Siri）、微软的小娜（Cortana）或谷歌助手（Assistant），或是其他任何形式的人工智能。我是格雷格，是人类。你和我，我们需要聊一聊。我们要聊一聊我们在人工智能世界所要面对的共同挑战。我们是最聪明的类人猿，第一次面临这样的挑战。我们作为地球上认知重量级冠军的资格正遭到人工智能的质疑。一个小小的警告，我所透露的信息可能会引起你的恐慌，它甚至会让你担忧自己以及你所爱的人的未来。

感到恐慌是可以理解的。曾经有人问荷兰国际象棋大师扬·海恩·多纳尔是如何准备与人工智能的比赛。他回答说："我会带把锤子。"[2]多纳尔这个巧妙的回答集中体现了许多人面对计算机挑战时的不安。毫无疑问，无论好坏，人工智能都将产生巨大的社会和政治影响，但我们现在的关注重点并不在此。数不清的书籍和新闻网站都已经长篇累牍地对此展开了讨论。大家对人工智能都怀着一种恐惧心理，而我们另辟蹊径的叙述就好似一剂破除恐惧的解毒剂。这是一本实用且充满希望的手册，适用于任何渴望与新硅谷的同伴们一起为人类增加价值的人。它会帮你找到人工智能无法填补的空白，因为那个空白的地方正好是个人形。

我们没有理由恐慌。而且，我强烈建议你更好地理解人工智能以及人类与它的关系。它是我们这个时代最重要的技术，这一点毋庸置疑。它正在全面改变我们的生活。恕我直言，如果你不思考人工智能问题，就相当于完全没有思考，而我就是来帮助你参与其中的。技术的影响促成了《本能优势》这本书的诞生，但它与微芯片、数据库和算法无关，而与你对人工智能如何改变世界的反应息息相关。我将为你在这幅新兴蓝图中指明一条发展之路。在这个飞速发展的世界，我将鼓励你成为更有人性的人类。这一点至关重要。我们将会看到，人类仍然很重要，或许比以往任何时候都重要。

人类优势的4C力

在机器的世界里，增加人类独一无二的贡献的秘密就藏在你的两只耳朵之间。要理解大脑的复杂性，不妨想象一下：你给伦敦居民每人1000根电线，然后让他们把每根电线的另一端交到另外1000个居民手上。接着，你每秒钟通过每根电线发送200个电子信号。现在，把这个想象中的大城市放大10000倍，这就是大脑的模型，它是宇宙中最复杂的实体。[3] **人类优势**就存在于这个神奇而又复杂的生物学馈赠之中。而你可以把我看成一个前来发现、唤醒和开发它的友好向导。我们将探索如何点燃你的情感、心理和神经系统，释放你的人类超能力。

人类优势的4C力是由觉悟力（Consciousness）、好奇心（Curiosity）、创造力（Creativity）和合作力（Collaboration）这四种力量组成，它们的英文单词恰好都以字母C开头。我是根据以往的经验和对21世纪所需技能的大量研究之后精心挑选出它们的。它们彼此之间以神奇的方式相互鼓励和刺激，因此具有特别强大的力量。下面就是其作用机制：

● **觉悟力**是通向另外三种力量的门户。个人价值激励你对世界产生影响。与此同时，更关注数字时代让你分心的负面影响，让你有意识地把更多宝贵时间和精力用于让自己变得富有好奇心、创造力和合作力。

● **好奇心**驱使你收集知识和经验素材，并把它们转化为创造力的催化剂：新奇的问题。

● **创造力**是觉悟力和好奇心的结晶。创造性思维能将过去的事物整合在一起：动机、时间、精力、知识、经验和引人入胜的问题。当这些碰撞在一起，随之而来的火花就变成了能创造价值的新想法。

● **合作力**能使你得到他人的反馈意见，并与之合作和实验，进而改进和发展这些想法。

你会发现，人类的创造力就像一根金线贯穿4C力，把它们有机地连接在一起。觉悟力和好奇心激发创造力，合作力释放这种创造力，使其能够对世界产生影响。4C力并不会让你变成毕加索、莫扎特或爱因斯坦，但它们会重新点燃你的创造火花，让你更容易获得想象的力量。你对自己的创意的信念将得到更新，这一点尤为重要。创造力不再是少数人的奢侈品，而是我们所有人的关键技能。

如何使用本书

为了帮助你最大限度地从4C力中获益，我将本书分成了两个部分。第一部分是"人类的挑战"，这部分主要聚焦于人类历史上最令人震惊的故事之一：我们创造的技术工具为什么以及如何在今天成了我们的智力挑战者。在这个惊人的故事中，既隐藏着令人不安的威胁，又潜伏着令人着迷的机会。你会看到人工智能已经变得非常强大，以及它为什么注定会越来越强大。而针对 "在人工智能的世界里，人类还能做些什么" 这个问题，我会阐明有意识地成为一个更具人性的人才是最佳答案，这就意味着我们要与人工智能有所区别，而不是与其竞争。在第一部分的第三章中，我们将针对21世纪人类面临的一个紧迫而关键的挑战展开讨论：当学校和公司如此严重地忽视和贬低创造力时，我们如何才能重新激发人类的潜能？

　　第二部分 "本能优势" 将分成四个篇章深入探讨4C力。我将用8个极具实用性的能力来支撑这一讨论，我将这些能力命名为 "舞步"（参见下文图1.1）。每个C力量都通过2个 "舞步" 来得到强化。每个 "舞步" 配有专门的章节，用于指导你在日常生活中跳出专有舞步。我之所以创造出 "舞步" 这个词，是因为与电脑编码不同，人类的觉悟力、好奇心、创造力和合作力编码并不是非黑即白的。无论是写文章和书，还是生产产品，研发应用程序，创建初创企业、项目、工艺流程，还是创作小说或歌曲，都要经历一个曲折的过程，有时候这一过程还极为出人意料。理解 "舞步" 之间复杂的联系，有助于你在进一步退两步的曲折过程中坚持下去，有时候还能让你意识到，只需要稍微往右跳一步就能继续前进。

　　"舞步" 是以圆环的形式呈现的，但即使这样，也并非完全准确。按这个顺序推进的确运行良好。但是，你也可以随机学习某个 "舞步"，然后再根据你的心情和需求，按不同顺序将其串联起来。你可以单独将某个 "舞步" 练习纯熟，然后再根据需要添加其他 "舞步"。它们既相互依赖，又具有一定的流动性和随机性。它们跟真实生活中的舞步一样，既可以独立起舞，又可以随意向后、向前或向旁边舞动。你可以根据实际需要，从问题跳到火花，也可以从连接向后跳到专注，或者从激励向前跳到实验。我建议你按顺序阅读本书，因为这些"舞步"的初始流程还是值得一看。但一遍过后，你就可以在需要一点灵感的时候，翻开本书的任意一节开始阅读。

🚶当你的认知深入到另一个层面时，在每章的"舞步"下面你会发现以行动为基础的"人类实验"。本书包含了50多个这样的实验。这些实验将技巧、行动、习惯和微型诊断有机结合在一起。为了便于识别，每个实验上方都配有一个本段左上角这样的人形图标。在某些章节结尾处，精选出来的"人类实验"被特别放在了写有"现在开始"的方框中。这些特别的实验有助于你稍微放下一会儿书，真正去做实验，而不是只知道阅读和思考。我建议你将"舞步"以及与其相关的"人类实验"化为己用，将其塑造成个性化的实践方法。盖洛普民意调查显示，总有70%的员工对工作漠不关心，缺乏动力。而《本能优势》至少能为

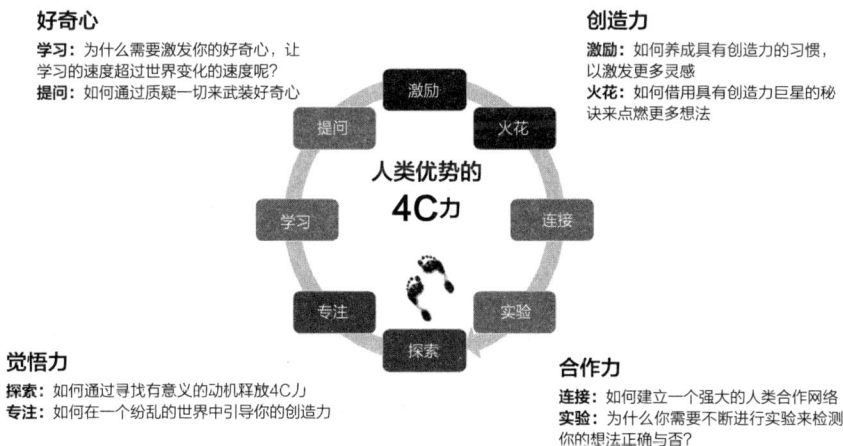

好奇心
学习：为什么需要激发你的好奇心，让学习的速度超过世界变化的速度呢？
提问：如何通过质疑一切来武装好奇心

创造力
激励：如何养成具有创造力的习惯，以激发更多灵感
火花：如何借用具有创造力巨星的秘诀来点燃更多想法

觉悟力
探索：如何通过寻找有意义的动机释放4C力
专注：如何在一个纷乱的世界中引导你的创造力

合作力
连接：如何建立一个强大的人类合作网络
实验：为什么你需要不断进行实验来检测你的想法正确与否？

图1.1 人类优势的4C力

你提供一把解锁工作中的创造性觉悟力、好奇心、创造力和合作力的钥匙。

你或许会问，这本书能否用于工作以外的地方？答案是肯定的。这本书是为任何一个好奇如何才能在人工智能世界中取得更大成功的人准备的，无论这种成功来自生活的哪个方面。无论你是正在寻找职业方向的年轻人，正在寻找可靠方法来支持孩子的家长，初入职场的菜鸟，企业家，正在寻找前进道路的焦虑的经理，或是头发斑白的职场老将，这本书都能助你一臂之力。如果你完全不用考虑就业问题，也可能仍然热衷于了解世界是如何变化的，以便更好地支持慈善事业、当地俱乐部或体育团队。本书提供的妙招和技巧有助于你在各种情况下发展4C特质。

一开始，我劝你别惊慌失措，但是一定要用这本书来评估状况和采取行动。那些渴望学习和适应新情况的人将在未来几年得到蓬勃发展，而那些把头埋在沙子里的人注定要经历一段颠簸的旅程。觉悟力、好奇心、创造力和合作力会让你赢在起跑线上。它们会让你停止与机器竞赛，转而去做一些机器做不到的事情。你不会是机器上的一个齿轮，而是人工智能世界中一个足智多谋的人。

让我们开始吧。

人工智能就在我们的生活中

无论你是谁，在你未来生命中的几乎每一个小时里，都将会遇见人工智能，你甚至都意识不到那是什么。应用程序会追踪到你睡眠周期的最佳苏醒时段，将你从沉睡中唤醒。早餐时，人工智能会安排好你一天的行程，查出交通最顺畅的上班路线，根据你的兴趣推荐相关头条新闻和社交媒体八卦。对于早上需要发送的最重要的电子邮件，心理评估算法程序将对收件人的公开信息进行分析，包括博客帖子、电子邮件、评论和推特等，以便让你的话语更有力度和影响力。

在你喝咖啡休息的时候，你可以从一个通过人工智能响应的在线服务系统订购日用品，然后在一个自动化仓库里，一群人工智能机器人将会挑选和包装你订购的商品。只要你觉得合适，你的半自动智能汽车和家将允许这些商品被远程运送到你的汽车后座，或是你的家门口。如果你在线订购了一条牛仔裤，人工智能将使用你的虚拟人体模型，以确保送到的裤子完美贴合你的身形。午餐时，你会读到人工智能撰写的商业和体育报道，完全察觉不到其与人工报道的区别。[4]当然，你还会去人工智能推荐的餐厅或开放空间放松一下。

如果你申请一份新工作，将会面对机器的审查。[5]它将利用认知神经科学支持的在线游戏对你进行测试，以此评估你的决策能力和个性类型。只有在人工智能对提交的视频进行分析后，你才能从电脑评估转到真人面试。如果你投资养老基金，其中大约60%的基金交易将由人工智能执行。[6]如果你想申请贷款来补贴家用，银行将会要求你再进行一次视频面试，并通过算法分析你50个左右的细微面部表情，从而判断你是否在偿还贷款能力上撒谎。[7]如果你生病了，人工智能将会对你的X光检查进行诊断。而你将十分乐于看到这种安排，因为计算机已经被证明是这个星球上最好的癌症诊断专家。如果你住进了医院，人工智能将协助管理病床和其他资源，并支持电信和能源公司保持病房的照明和无线网连接。制药公司将为你提供由人工智能制造的个性化高效药物。如果你的病情没有好转，可能将由机器人外科医生为你进行手术，同时还有聊天机器人医生从旁协助。[8]如果你选择上街游行来抗议这一新现实，政府能利用人工智能——你猜对了——在人群中识别出你的脸。[9]

以上并不是在写科幻小说，所有这些事情或是已经实现，或是很快就能实现，而且这一切才刚刚开始。美国的科技巨头脸书、亚马逊、奈飞和谷歌处于这场科技革命的中心，其商业模式就是通过使用人工智能来操控你的数据。如果再加上苹果（其智能手机让这些企业的产品"尽在你的掌握之中"），这些公司目前的市值超过了富时100指数其他成分股公司的市值总和。[10]微软和IBM则在努力追赶。这些美国科技公司的收益远远超过许多国家的国内生产总值（GDP），以至于丹麦最近任命了一名官方大使，前去与这些硅谷巨头沟通交流。[11]而中国的数字业巨头则是百度、阿里巴巴和腾讯。[12]这些公司在数字支付、社交网络、云计算、电子商务等方面的发展，已远远超过其核心业务，它们也同样在迅速开展人工智能业务。[13]这些科技巨头之间的竞争加剧了全球人工智能军备竞赛。

《连线》杂志创始人凯文·凯利曾表示，想要预测未来10000家创业公司的商业计划很简单："去掉X，加上人工智能。"[14]我曾在硅谷参观过一些风险投资公司，亲眼见证了这一切。几乎所有创业公司都将目光瞄准了人工智能，这些公司都是行业先锋。人工智能的发展目前正位于经典产品S曲线第一个陡坡的底部。2006年智能手机的发展状况就是人工智能的发展现状。[15]

如果说科技公司已经将人工智能武装到手臂，那其他类型的公司现在才正要将人工智能当内衣穿上。那些高科技创业公司正吸引着渴望购买其创意和人才的全球化公司。[16]而这只是个开始。大约85%的公司认为人工智能将为其带来竞争优势，但目前只有5%的公司在广泛使用人工智能。[17]而当那些更勇敢的创业先锋证明了这一商业模式的前景时，其他公司将会全力投入其中。人工智能将重新塑造客户服务、营销、销售、供应链管理、人力资源、财务和风险管理。[18]世界经济论坛预测人工智能和互联技术（增强现实、虚拟现实和机器人技术）将"以前所未有的速度、规模和力量引发变革。每个行业的商业模式都将被改变"。[19]

　　我还想澄清一点。虽然创作这本书的目的是要确保你在这个不断变化的世界中占据一席之地，但我并不反对技术发展。如果运用得当，人工智能将使我们的世界变得更美好，它将为我们的生活全方位增值。我们有足够的护士和医生来照顾逐渐老龄化的人口吗？教师、普通警察和狱警的人数能满足我们的需求吗？信息技术维持、银行业务、预订机票、寻找适合观看的电影或购买保险等流程都完美到无需改进的地步了吗？我们都知道答案肯定是"不"，而人工智能将推动这些方面的发展，它将让我们付出更少，收获更多。

　　我们不要忘记，许多人还在糟糕或无趣的环境中辛苦工作。许多人不喜欢自己的工作，在枯燥、肮脏或危险的工作环境中备受折磨。人工智能则能完成一些人类不想做的工作，它还能承担一些我们不能做的工作。英国国家核机器人中心正在研发一种人工智能机器人和无人机，它们能冒险进入危险的遗留核废料场，高效安全地清理掉那些仍残留核污染的东西。[20]机器人无须提前了解被清理物的情况，就能清除一堆杂乱无章的东西。你会想做这样的工作吗？

旧貌换新颜的老对手

　　1945年9月，强大的电梯操作员工会在纽约举行罢工，使整个城市陷入瘫痪。根据美联社报道："成千上万的人不得不挣扎着去爬似乎没有尽头的楼梯，其中也包括世界上最高的建筑——帝国大厦。"1900年开始就已经出现自动电梯技术，可是，如果没有操作员，人们就会感到很不舒服。这次罢工令大众转变思想，标志着广大电梯操作员职业生命的终结。进步就是这样发生的：慢慢地，慢慢地，然后突然爆发。现在，我们都是自己按电梯按键了。[21]

　　即使在当时，新技术造成人类失业也并非什么新鲜事。[22]早在200

多年前，诺丁汉的一群纺织工人砸毁了威胁其生计的蒸汽织布机，并对实业家进行了人身攻击。人们把这些人称为"卢德分子"。我们现在用这个贬义术语来形容那些企图做不可能的事的人，那些妄图使技术时钟倒转的人。这并不公平。卢德分子的行为并非毫无道理，他们害怕被裁员，害怕失去身份及其孩子的未来。他们并不是反科技，只是想保住工作。卢德分子正在与后来被称为第一次工业革命的庞然大物进行角力。蒸汽机可以从深矿井中抽水，还可以使令人憎恶的蒸汽织布机运转，使火车沿着铁轨疾驰，使轮船穿越重洋。蒸汽机被经济学家们称为"通用技术"。通用技术并不只是改变某一领域，而是重塑了整个世界。近期的通用技术包括电力和信息技术，人工智能也是一种通用技术，因为它几乎可以实现无限应用。换言之，人工智能就是我们这个时代的蒸汽动力。[23]工业革命为我们工作时使用的手和脚找到了替代物，而在被称为第四次工业革命的时代，人工智能正在取代我们的大脑。

正如我之前所言，人工智能有能力帮助我们。意料之中的是，这一线银光总是与些许阴云同时出现。人工智能的广泛应用意味着人类将无法再从事某些工作。事实上，如果可以编写一个算法来描述工作中100%的判断调用和进程，它肯定是自动化的过程。麻省理工学院经济学家埃里克·布伦乔尔森和安德鲁·迈克菲在其联合著作《与机器赛跑》中就曾发出警告，随着机器和人类之间差距的缩小，雇主越来越有可能雇用"新机器"，而不是"新员工"。[24]办公室和工厂里那些可预见的、重复性的"苦差事"将首先成为历史，其中包括私人助理、收银员这样的工作。[25]

研究人员试图估算出未来15年中有多少工作将会消失。来自牛津大学、世界经济论坛和几家全球管理咨询公司等机构的团队已经预测将有14%～47%的工作会消失。[26]不妨暂时停下来想一想这个问题。即使在这一预测数值范围的低端，我们也会看到，对于如何使用人工以及哪些地方需要使用人工这两个问题，答案将发生巨大变化。某个研究小组甚至具体提出了哪些工作岗位将遭到淘汰的可能性。虽然令人沮丧，但电话营销员、数据录入员、图书管理员、会计文员、报税员和货运代理面临淘汰的可能性高达99%。[27]而在这个预测数值范围的另一端，心理治疗师、中层管理人员、主管、社会工作者和职业治疗师基于当前技术实现计算机化的可能性仅有0.35%。

但它也可能会像以往的工业革命一样，创造出前所未有的新就业机会。比如，我就听说过"数据卫生员""人工智能人格训练师"和"伦理学家"这样的新职业。目前还没有人知道人类失业率是否会出现净增长或下降。无论发生什么，我们都必须迎接转型的挑战，就像那些工人在以往的革命中所做的那样。

这样的改变对一些人来说难以接受。19世纪的卢德分子可能只是想要保护其工作不受蒸汽织布机的影响。他们仍然需要人类来操作机器，但人工智能不会听命于我们，而是会与我们并肩工作。另一个较大的差别在于速度。第一次工业革命持续了一个多世纪。人工智能的进步则是在几年内就能看到，偶尔甚至在几个月就能看到。出租车司机、办公室行政人员、商店店员、理货员和收银员等最易遭受人工智能伤害的人，可能很快就会发现自己在工作中变得多余，或是所做的工作已经变得面目全非。跟看似与自己不相关的事物做斗争要比与剥削做斗争困难得多。想要获得必要的新技能可能比预想中困难。告诉一个45岁的出租车司机他的工作消失了是一回事，让他等待令人惊喜的新机会又是另一回事。对他来说，重新接受训练，成为"人工智能/人类交互建模师"可又是另一大挑战了。与20世纪初的电梯操作员不同，对一些人而言，他们没有几十年的时间来发展新的职业选择。[28]人们已经感受到这种不确定性。一项针对美国雇员的大型调查发现，72%的受访者对人工智能表示担忧。而对于人工智能的发展对自身的影响，大家普遍感觉不是很清楚。受访者还表示，能够理解法律文书、快餐业工人、保险理赔员等工作消失的风险较高。但只有30%的人认为，自己的工作在有生之年可能会由机器人或电脑来完成。我想这就跟人们面对死亡的态度一样，总是更容易想象人工智能取而代之的事情发生在别人身上，而不是自己身上。

切奶酪

在这一次工业革命中，一个大的变化在于机器已经将"魔爪"伸向了白领。在依赖认知技能的工作中，自动化已经与人力展开公平竞争，那些完全重复性和常规性的工作将率先实现自动化，这也是电话销售和客服这种略显单调的工作已经转由聊天机器人承担的原因所在。那些遵循可预见性规律的工作也将逐渐由人工智能主导：卡车司机、出租车司机、保安，甚至是诊断血液和骨髓疾病的血液病专家。到目前为止，我们一直在讨论整体工作类别的自动化。然而，这不会是大多数人要面对的现实。如果你已经开始未雨绸缪，而且可以读到这本书，那么，你的角色很可能不会那么快就被自动化。相反，你会看到你原本的工作中那些重复和例行公事的部分，像切奶酪那样被人工智能切走。这种情况已经在会计师、律师、放射科医生、体育、商业记者，以及研究分析师等人身上发生。如果你想知道在可以预见的未来选择哪种工作相对来说比较安全，可以先试着回答下面这个问题："这份工作的复杂性、不可预测性、情感驱动性和潜在的创造力有多大？"举例来说，管理、并购和经济分析等方面的工作通常非常复杂，专栏作家、漫画家、说客、研究科学家、建筑师、工程师和艺术家这类工作既复杂，又充满创造性。中国人工智能专家李开复曾说过："实际上，创造性工作是受到保护的，因为人工智能可以使工作优化，但并没有创造力。"我想补充的是，几乎所有工作都拥有潜在创造性。如果能花更多时间（人工智能能给你更多时间）去研究，就能解锁这种创造性。

为什么老板希望你保持好奇心和创造力？

在我看来，即使人工智能的"奶酪刀"挥向了创造性职业，也不算什么威胁，而是巨大的发展机遇。从护士到项目经理，从学者到测量师，从机械师到理疗师，这是一个从你现有工作中发现令人好奇的创造性潜力的机会。在数字经济发展的大前提下，开发自身的4C力至关重要。现代工作对其需求越来越大。在我们生活的这个时代，商业、政治和日常生活中的惯用策略已然失效。[29]科技正在改变我们的生活和交流方式，赚钱途径，分享思想和情感的方式，欣赏电影、电视的方式，以及购物和旅行的方式，甚至是寻找、建立或终止最亲密关系的方式。我们只需看看电动汽车和自动驾驶汽车消费的增长与底特律以汽油为动力的汽车工业的衰落，越来越空的商业街和网上购物爆炸式的增长，加密货币对传统银行业的挑战，以及音乐和视频消费方面发生的转变，一切就不言而喻了。[30]

所有这些不稳定、不确定的变化增加了预测未来的难度，也正因为如此，工作能力中的关键要素、逻辑分析、思考能力正面临挑战。老板们意识到，我们不能只是按部就班地缓缓走向未来，我们必须重新想象它。要做到这一点，组织中的每个人都需要被创造性地调动起来。当被要求对21世纪最重要的工作能力进行排名时，顶级首席执行官们纷纷表示"创造力"在有价值的人类技能等级中的排名正在迅速提升。2015年，它还仅排名第十，但到了2019年，首席执行官们就将其排名提升到了第三。创造性思维第一次有机会与人力资源管理、复杂问题的解决和批判性思维等能力同场竞技。[31]

理查德·萨斯坎德和丹尼尔·萨斯坎德在《人工智能会抢哪些工作》一书中就表示，即使是在会计、法律、医学、建筑和特许测量等受人尊敬的行业，自动化的时机也已经成熟，因为这些工作"……人力成本高，潜力还未被完全开发，从影响力和伦理上都有被挑战的可能性，目前从事这些工作的人表现不尽如人意，难以捉摸"[32]，这可真是一记重击。难怪萨斯坎德父子俩会预测："无论是自主操作还是受非专业用户操作，随着机器的能力越来越强大，它们将承担许多原本属于专业人员的工作。"[33]一旦连狡猾的律师都逃不过人工智能的"奶酪刀"，那么就没有人是绝对安全的。一直以来，所谓的全球律师事务所"魔圈所"1都是通过投入大量人力制作法律文书来赚钱的。而现在，许多顶尖律师事务所都依赖人工智能进行审前尽职调查。[34]如前所述，这或许不会导致失业（然而，使用律师更少听起来似乎更有吸引力）。一些公司希望减少毕业生雇用量，另一些公司则认为，降低服务费可能会吸引委托人更频繁地咨询律师。一切都有待时间证明。

我们还看到人工智能打响了入侵医学界的前哨战。巴比伦公司开发了供英国国民医疗服务体系使用的应用程序"全科医生在身边"，该公司表示，其开发的聊天机器人已经参加了实习全科医生的考试。该公司的聊天机器人第一次参加这项考试时，获得了81%的分值（及格线是75%）。英国皇家全科医师学院则愤怒地反驳道："应用程序也许可以通过自动化的临床知识测试，但是，临床诊断的方案并非一成不变。"的确，真实世界比任何考试都复杂。但毋庸置疑的是，我们的世界即将

1　"魔圈所"指的是总部位于伦敦、收入最高的五家跨国律师事务所，每一所都是世界上最负盛名的律师事务所之一。——译者注

发生改变，医生、律师以及其他依赖知识、经验和认知技能的人都无法逃避这种改变。[35]

人类还能做些什么？

100年前，福特汽车公司生产线上的工人十分清楚要怎么做才能成功：准时上班，然后严格遵守指令。在批量生产时代，工厂的老板们对工人只有两点要求：服从和勤奋。他们也的确针对每一项工作的例行流程和相应操作制订了详细的规定。你看，批量自动化在我们这个时代并不新鲜，只是这一次我们使用的是人工智能，而不是人类工人。如果一名福特员工对整个流程的其余部分产生了好奇心，冒出了一些想法，在公司内部获得了一些人的呼应，他并不会受到赏识。相反，他更有可能因此被解雇。

技能与所处环境相关。安迪·穆雷能打出漂亮的反手击球，但是如果是在战场上，这一技能对他没有任何帮助。今天技艺娴熟的知识工人所处的环境与当时福特员工所处的环境大不相同。现在，人工智能机器人可以完成重复性的日常体力工作，同时还能完成需要简单思考的工作。所以，人类还能做些什么？答案就是停止与人工智能竞争，开始致力于使自己有别于人工智能。我们需要接受的是，在人工智能发挥更好的领域，尝试与其竞争几乎没有任何意义。为什么要进行一场自己注定会输掉的比赛呢？如图1.2所总结的那样，你需要为人类价值的转变做好准备。聪明的做法是像人类一直所做的那样去适应这一转变，专注于磨炼与我们所处的历史环境相适应的技能。

"大分化"

在这种情况下，全球性的社会分化正在发生。但是，这种分化不是出现在人工智能与人类之间，而是发生在人与人之间。

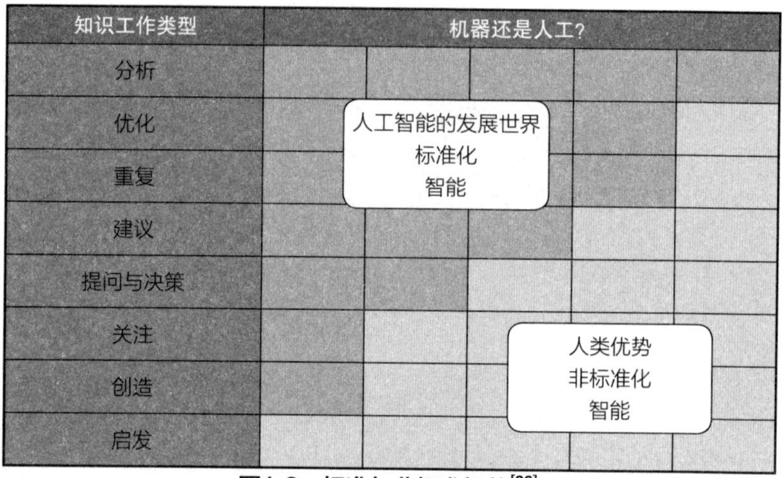

知识工作类型	机器还是人工?				
分析					
优化	人工智能的发展世界 标准化 智能				
重复					
建议					
提问与决策					
关注			人类优势 非标准化 智能		
创造					
启发					

图1.2　标准与非标准智能[36]

在数字技术面前，可以说人人平等，现在比以往任何时候都更容易学习这种技术。只需花一点时间，只要能上网，有智能手机，任何人都可以在几乎无限的领域展开自学。与20年前的美国总统相比，现在的孩子们可以实时获取更多信息。这在"富人"与"穷人"之间画出了一条新的断层线。这种分化不在于金钱、阶级或关系层面，而在于对未来有准备的人和没有准备的人之间的价值差距越来越大。从图1.3的左侧往下看，你会发现培养自我意识、目标导向和专注品质是通向未来的一条坦途。这些能力是释放动机和时间，用以激发好奇心、创造力和合作精神的必要条件。

适应未来	VS	不适应未来

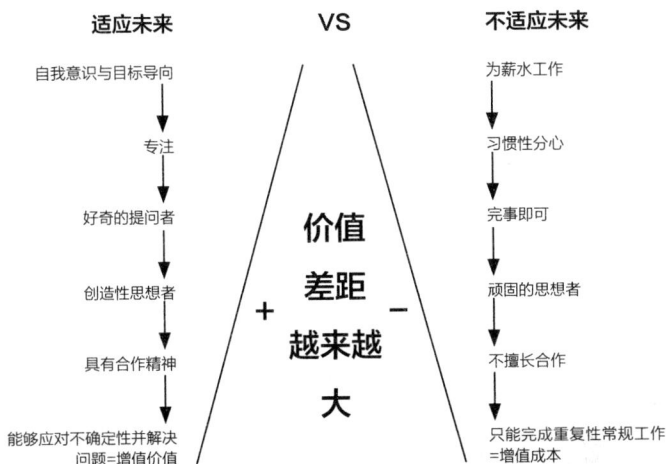

图1.3 适应未来的分化扩大

从左到右阅读图表，你会发现这几类人之间的经济差距越来越大：目标驱动者和得过且过者，专注的人和习惯性分心的人，永远充满好奇心的人和停止追根究底的人，能与年轻人一起共事的人和无法熟练与人建立联系或尝试建立联系的人。而且，这一差距在未来只会不断加大。

你要对付的不仅仅是人工智能。如果你被困在了这条分界线错误的那一边，面对同样技艺娴熟但成本更低的"自动化"人类竞争对手，你将会输掉战斗。聪明的雇主对雇员的要求并非仅限于听话和回应要求。人力资源总监们的任务是要招募那些具有强烈学习欲，能积极解决问题并提出关键性问题的员工。[37]《好奇心：保持对未知世界永不停息的热情》一书的作者伊恩·莱斯利写道："（好奇的人）是指那些所从事的工作最不可能被智能机器取代的人。当今世界，科技正迅速取代人类，甚至连白领也无法幸免，因此，仅仅依靠聪明已无法使人长期屹立于不可取代之地。电脑也很聪明。但是，无论一台电脑多么复杂，也不能说它有好奇心。"[38],[39]

据说，科幻作家威廉·吉布森曾说过："未来已经在眼前——只是没有均匀分布罢了。"[40]此话不假，关于如何在未来继续发展，同样尚未形成一致意见。如果你不发展你的人类优势，面对比你更优秀的同类，或是比你更擅长完成可预测性和重复性任务的机器，你将面临被超越的风险。能够创造性思考的人和只能直线思考（人工智能对此非常擅长）的人之间的差距至关重要。"大分化"正愈演愈烈。

你想站在哪一边？

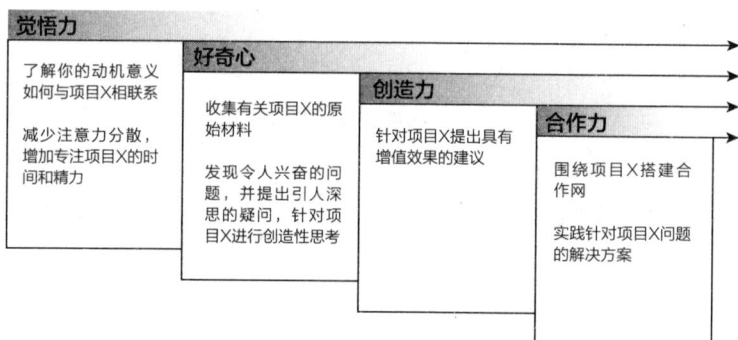

图1.4 运用4C力

开始行动

想象一下生活中你最想有所改善的事情，它可能是与你的工作相关的产品、流程或实践，也可能是其他任何事情，我们就称其为项目X吧。图1.4说明了如何运用4C力来推进你投入极大热情的项目。

要点回顾

● 人工智能正在改变世界：无论在家庭中，还是工作中，它正变得无处不在。

● 它会让一些工作成为历史，会像切奶酪那样切掉工作中所有重复的、例行公事的部分。

● 在这个不断变化的世界中，为未来做好准备的人和得过且过的人之间的价值差距越来越大。

● 为了生存和发展，你需要区别于人工智能，而不是与其竞争。

● 想要与机器（以及机器人）区别开来，完成机器无法完成的任务，你需要开发自己独特的人类能力。

● 有意识地成为一个更像人类的人，掌握4C力，包括觉悟力、好奇心、创造力和合作力。

● 4C力将帮助你在这个混乱的时代产生更大的影响力——既在工作世界内部，也辐射其外部世界。

👤 人类实验：现在开始……

人工智能和我

找一张干净的纸，画一个大圆圈。将你目前的（或规划中的）职业划分为5—10个活动区域，让每一块活动区域的大小大致相当于你花在该活动上的时间。我的职业饼图可能包含以下几个部分：主题演讲、写作、设计有关变革和领导力的课程、亲自授课、在线授课（文字、视频、互动）、研究和管理客户关系、处理旅游和住宿、后勤和费用清单事宜。然后运用以下两步思考过程，找出如何从本书中获益：

1.以上活动所需技能哪些是重复和可预测的？[41]如果你把它们再细分一下，是否有可以实现自动操作的次级技能？给每个技能领域打满分10分：10分表示"已经自动化了/我知道有系统可以实现这一点"；9分表示"很快就能实现自动化"；5分表示处于中间状态；1分表示"在我的职业生涯中不可能实现自动化"；0分表示"在我的一生中不可能实现自动化/绝不可能实现自动化"。[42]

2.从得分来看，作为一个人类工人，哪些技能最有可能保留下来并为你增值。这些技能足以将你的工作划分为"全职"和"全薪"吗？如果答案是"不"，你需要通过阅读本书来思考下一步的职业发展。如果答案是"是"，那就运用4C力来进一步发展你的职业。

你是我的创造者，但我是你的主人。

——玛丽·雪莱，《弗兰肯斯坦》作者

第2章　向弗兰肯斯坦问好

如何让自己与人工智能（以及机器化人类）有所区别

艾米丽娅在一家大型国家银行的技术支持部门工作，这是她的新工作，而今天是她第一天上班，她一点也不紧张。她训练有素，十分清楚自己需要做些什么。不出所料，艾米丽娅的部门经理留心观察她的工作，他很满意。她的同事们也对她赞不绝口。她尽力解决每一个转接给她的技术问题来电。除此之外，她还善于辨别来电者的语调，并相应地调整自己解答问题时的语调。当银行工作人员因为遇到难题而沮丧不已时，她仿佛仙女一般从天而降，迅速解决他们的问题。艾米丽娅总是身着干练的黑西装，一头金发在脑后利落地绾成发髻，她的高效很快赢得众人的称赞。她知识丰富，拥有极高的职业素养，即使面对极为尖锐的质疑，也能从容应对。她很快就获得了第一次晋升。[1]

艾米丽娅并非人类，她是一名先驱者。因为这次提升，她成为瑞典北欧斯安银行历史上第一名人工智能客户助理。[2]艾米丽娅是目前迅速壮大的聊天机器人中的一员。现在，当你以为自己正在某家公司的网站上跟一名人类工作人员进行交流时，对方很可能只是一名聊天机器人。

艾米丽娅从不休息，也不会休假，更不会找借口休偷懒假[1]。她每天24小时处理客户来电，一年365天全年无休。她从来不会发火，当然也不会要求薪水，更不用说要求晋升了。她绝不会要求高级办公椅，也不会为悼念亲友请假，抑或是休产假。最重要的是，她理论上可以同时跟100万名北欧斯安银行客户在线聊天。

艾米丽娅及其人工智能兄弟姐妹现在是我们的竞争对手。在第一章中，我们讨论了如何更好地实现与艾米丽娅及其同伴的差异化共存，而不是与其竞争。在本章中，我们要探讨现在人工智能为什么比以往任何时候更聪明。理解其能力来源，将有助于你找到属于自己的努力方向，迎接艾米丽娅的挑战。在这个过程中，我们将重新定义因人工智能在我们生活中扮演的新角色而带来的焦虑。毕竟，战胜恐惧的最好方法就是直面恐惧。

弗兰肯斯坦的恐惧

我们今天所面对的人工智能还是专用人工智能。专用人工智能在执行一些具体任务时表现优异，包括驾驶卡车、自然语言处理、介绍产品和优化国家电网能源等。在本书最后一部分我将简要介绍一下人工智能的下一步发展趋势：通用人工智能。这是人工智能发展的噩梦般的未来，或者说乌托邦式未来（人们对此同时持这两种态度），届时，机器可能变得跟人类一样智能，我也会考察通用人工智能发展理论上的进化形态——超级人工智能。如果真的出现超级人工智能，电脑可能会比人脑更聪明，并能自己做决策。这一情景并不难想象，许多相关主题电影

1　国外一些公司允许员工在感觉劳累时享受的假期，不属于病假、年假等范畴，休假期间也可享受年度假期津贴。——译者注

里都已呈现了类似的未来场景，从斯坦利·库布里克的史诗级科幻电影《2001太空漫游》，到《终结者》和《黑客帝国》系列电影，就是其中最有名的几部。

接下来，让我们把目光投向当下：目前虽然无感知力，却正在逐渐壮大的强大专用人工智能。[3]斯坦福大学计算机科学副教授李飞飞曾说过："我们离智能洗衣机的距离比离'终结者'近。"而我的目标就是让你在未来5年至20年的职业生涯中，可以一直领先于越来越理想化和智能化的"洗衣机"。

想要客观评价人工智能并非易事，因为它只是虚构与现实相结合的长篇神话中的一个最新章节。一直以来，我们都害怕这个原本从属于我们的家伙会转而反抗我们。在古希腊，传说工匠和锻造之神赫菲斯托斯用青铜铸造了机械巨人塔罗斯，用以保护克里特岛。他还创造了潘多拉（以潘多拉魔盒闻名），这是一个"银翼杀手"风格的复制人，被"设定"要向世界释放邪恶。[4]1818年，玛丽·雪莱在其哥特式小说《弗兰肯斯坦》中展示了当人类觉得受到新的生命形式威胁时，会做出怎样糟糕的反应，颇具警示性。就在《弗兰肯斯坦》诞生2年后，维多利亚时代的学者和发明家查尔斯·巴贝奇真的开始着手设计一台机器，而如果这一设计得以实现，它就可以利用穿孔卡片系统进行通用计算。他设计的"差分机2号"后来真的被原样制造出来，它由8000多个零部件组成，长11英尺[1]，重达5吨，现在就陈列在伦敦的科学博物馆。[5]

杰出的英国数学家艾伦·图灵常被称为计算机科学和人工智能之父。他最著名的事迹是在第二次世界大战期间破解了难度极高的德国海军密码。在白金汉郡的布莱切利公园，他建造了被称为"炸弹"的复杂机器，它能消除大量错误代码解决方案，从而得到了正确的答案。据推

1　英美制长度，1英尺=12英寸，约合0.3048米。——编者注

测，计算机的早期应用使战争大约提前2年结束。

图灵还颇有先见之明地预测了我们今天与人工智能互动的过程中会面临的尴尬局面。他设计了著名的图灵测试。如果人工智能能在一段通过键盘进行的5分钟对话过程中成功欺骗一个人，令其相信它是人类同胞，那么它就通过了测试。如果你对这一测试感到好奇，我还可以告诉你，2014年，雷丁大学组织了一次图灵测试，一款名为"尤金·古斯特曼"的电脑程序模拟一个13岁的乌克兰男孩，顺利通过了测试。[6]最近，谷歌展示了一款名为迪普莱的语音机器人，它可以在电话中通过对话完成简单的预约工作。这款应用软件超越了图灵测试，达到了另一个高度，它不是通过文本形式，而是通过带有"嗯"和"呃"这类语气词的奇妙人类语言成功伪装成了人类。[7]

图灵对人工智能做出预测后的80年里，作为一个概念和研究项目，它的命运沉浮不定。1965年，备受尊敬的研究者赫伯特·西蒙自信满满地宣称："机器将在20年内承担人类能做的任何工作。"[8]然而，经过了一段泡沫炒作期后，人们对人工智能的信心和政府支持资金开始崩溃，人工智能发展进入寒冬期。尽管如此，许多人（包括我自己）预测，人工智能的发展将从现在的暖春期升温至火热漫长的盛夏季。而我们之所以这么认为，是因为上一章概述的激烈的商业竞争正是由三种相互依存的技术趋势推动向前：更快、更便宜的硬件，能自主学习的软件和能促进人工智能这头野兽生长的海量数据。接下来，让我们看看这三者是如何推动人工智能发展的吧。

更快、更便宜的硬件

要了解作为系统的物理部分的电脑硬件的发展，请跟我一起做个思维实验。想象你此刻正驾驶一辆大众甲壳虫汽车，沿着专用线开上高速公路。[9]第1分钟，你在慢车道上以每小时5英里[1]的速度行驶，其他汽车和卡车纷纷从你旁边驶过，车灯闪烁，喇叭轰鸣。你可能还会看到有人对你做一些奇怪的手势。为了不让自己看起来不合时宜，1分钟后，你将车速加倍，变成每小时10英里，并在心里默念，每分钟都要加倍提速。在这趟奇怪旅程的初始阶段，加速度会很慢。如果你每60秒就将车速提高两倍，5分钟后，你的车速就会超过英国道路限速，并且以每小时80英里的速度行驶。但是，从第5分钟过渡到第6分钟的时候，你将开始以每小时160英里的速度行驶。这就是数学家所说的指数增长的力量。只有任其发展，你才能看到它真正的力量。如果你继续这样加倍提高车速，在第28分钟将发生令人难以置信的事情，届时你将会以每小时6.71亿英里的速度飞驰。在这段时间里，你那辆咔嚓作响的大众甲壳虫已经行驶了1100万英里，这相当于绕地球275圈（如果交通允许的话）。

　　这个比喻有点可怕，而且完全不现实，但它的确可以用来形容自1958年在硅谷诞生以来，微芯片的极速发展状态。这种指数增长效应被称为摩尔定律，[10]英特尔公司联合创始人戈登·摩尔于1965年首次提出这一概念。摩尔注意到，集成电路中的晶体管数量大约每18个月就增加2倍，这种规律性的指数增长已经持续了60多年。结果就是：我们通过想象的大众甲壳虫所描述的电脑速度的改变，现在每年都会在现实生活中发生。而真正引人深思的是，摩尔定律不会很快停止。在接下来的2年里，这个数字还会再加倍，之后还会再加倍。然后再加倍，继续加倍。现在，每次加速时速度当然会提高很多，因为我们的"高速公路"之旅才刚刚开始。

　　一些人认为，当我们达到计算机芯片微型化的极限时，摩尔定律将

1　英制长度单位，1英里=1609.344米。——编者注

失去效力。然而，大多数杰出的计算机科学家认为，许多新技术将使它继续发挥作用，包括芯片相互叠加技术、模拟人类大脑的神经拟态计算和量子计算技术等。量子计算不再使用1和0的二进制数字来描述世界，而是深入研究量子比特（Q比特），这些量子比特可以同时作用。[11]如果你明白这是怎么回事，你就比我聪明。目前，我对此的认知能力还只是到能接受这一切是可能发生的程度。

总而言之，摩尔定律说明了计算在我们生活中的统治地位，以及它是如何支撑人工智能的发展。它已经改变了我们的世界，而且很可能在可预见的未来继续这种改变，它有着令人惊叹的影响力。据估算，如果要在1958年就制造出现代的智能手机，要花费相当于今天1.5倍的全球国内生产总值，消耗目前世界30倍的发电量，还需要一座长宽各3千米、高100层的大楼才能装下它。[12]如果摩尔定律再延续20年，普通台式计算机也将拥有谷歌现在的计算能力。[13]试想，一个超级聪明的年轻人如果拥有这样的电脑能做出些什么事情来。

能自主学习的软件

计算机通过一组规则或称为算法的指令来工作。[14]算法则是使用来自全世界的数据建立一个模型，然后利用它来进行预测，它还会用更多的数据来检验这些预测，以完善其对世界形势的模拟。[15]人工智能之所以势不可挡，是因为它不再由人类编写所有算法。机器正在自学这一技能。

想要理解这个故事，我们需要穿越到1997年的纽约。前国际象棋世界冠军加里·卡斯帕罗夫刚刚意外失手于IBM的人工智能"深蓝"。当时，全世界都在欢呼雀跃，认为这是一次重大的飞跃。可是，就现代人工智能的发展而言，这不过相当于婴儿迈出了一小步。深蓝的成功有赖于我们对硬件速度的改进，它使用的是"蛮力"计算：先观察一下棋局，然后思考所有可能的着法。深蓝并没有真正突破图灵发明的计算模型，因为它还是在遵循人类的规则。它使用IBM计算机科学家编写的指令击败了人类冠军，而IBM计算机科学家又依赖国际象棋大师的建议对相关指令加以改进。它凭借闪电般的速度超越卡斯帕罗夫的高超技术和丰富经验。它每秒能检测2亿步的移动，甚至它能在耗时3分钟一次的移动过程中检测500亿个移动位置。[16]作为代表人类对战机器的失败方，卡斯帕罗夫略带挖苦地反思道："深蓝的智能程度跟可编程的闹钟差不多。输给一个价值1000万美元的闹钟并没有让我感觉好一点。"[17]

时间来到19年后的2016年。此时此刻，我们正在韩国首尔观看另一场人机大战。这一次，韩国世界冠军、围棋大师李世石将迎战一位"英国"对手。人工智能公司DeepMind创造了名为"阿尔法围棋"的人工智能，这家公司由一群来自牛津大学的技术专家创建。双方将进行一场围棋比赛，而围棋是一种有着3000年历史的棋盘游戏。在围棋游戏中，对战双方分别执黑白两色棋子，在一块正方形的木棋盘上展开较量。游戏双方的目标简单明了：用你的棋子围住对手的棋子，切断其退路，赢得地盘及最终的胜利。这看起来很简单，但围棋的着数变化比国际象棋还复杂，按照DeepMind首席执行官和创始人戴密斯·哈萨比斯的说法，其着数甚至比已知宇宙中原子的数量还多。由于围棋极其复杂，游戏过程中的直觉判断异常重要，因此被看作计算机博弈的挑战巅峰。这意味着，人类不可能像下国际象棋那样，针对每一个可能的场景，对阿尔法围棋进行编程。相反，"阿尔法围棋"具有机器学习能力，[18]不需要人类的显式编程，计算机算法就能自主学习。[19]

"阿尔法围棋"的目标只有一个：赢得比赛。通过反复实验，阿尔法围棋算法建立了通向胜利的最有效路径。[20]这些过程是建立在所谓的

"神经网络"基础之上的,这是一种通过观察进行学习的算法。之所以叫这个名字,是因为它处理信息的方式与人类大脑类似,而人类大脑本身是由数十亿相互连接的神经元所组成。[21]

在与李世石对弈前,"阿尔法围棋"通过掌握《爆破彗星》《太空侵略者》和雅达利公司的《打砖块》等电子游戏来热身,我曾在20世纪80年代的童年时期玩过这些游戏。在《打砖块》游戏中,玩家要用出现在屏幕底部的球拍向上击球,令其击穿位于屏幕顶部的一堵砖墙。技术专家们只给了"阿尔法围棋"最低限度的感官输入(例如,在屏幕上所能看到的东西)和一个简单的规则——尽可能多地得分。它甚至不知道一些控制键的功能是什么,但它却展现了惊人的学习速度。经过10分钟的训练,"阿尔法围棋"几乎还打不到反弹球。2小时后,它就成了游戏高手。4小时后,它已经能以最佳战术展开攻击。"阿尔法围棋"发现,如果它集中攻击墙上的某一个点,打出一个洞后,就能让球穿进砖层,在中间不停弹跳,自动击碎砖块,这样,它甚至不需要移动一下球拍。单是这一新颖的玩法就超越了最厉害的人类玩家。[22]如果"阿尔法围棋"是一个蹒跚学步的孩子,你可能会忍不住在它的卧室门上加把锁。

看到这一演示结果后,谷歌以5亿美元收购了DeepMind。当时后者尚未赢利,甚至还没有产生任何收益。为什么?因为"阿尔法围棋"的研发者并没有教它怎么玩电子游戏,而是教它如何学习怎么玩电子游戏。这两者之间的差异意义深远,价值无限。"阿尔法围棋"以四比一的比分战胜李世石,赢得了这场通过全球电视转播的围棋锦标赛。与对阵卡斯帕罗夫的比赛一样,人工智能是绝对的赢家。但是这一次,游戏规则发生重大改变。阿尔法围棋不再需要人类的指导,因为它会自学,然后自行编写规则。今大的人工智能是"阿尔法围棋"的智能产物,它的学习能力才是我们说它正在改变世界的原因所在。智能系统在自力更生。[23]

数据的海洋

如果把人工智能比作一辆汽车，[24]那么硅芯片就是引擎，算法就是引擎的控制系统，而数据[25]就是燃料。[26]想要加速上述类型的自我学习，需要海量数据支持。具有机器学习能力的人工智能会使用《打砖块》或其他任何游戏的反馈数据进行学习。人工智能通过无数次的尝试—失败—再尝试，找到实现目标的最佳方法。通过吸收大量的数据集，人工智能能发现其中蕴含的模式，并创造出人类永远无法看到的见解。

对人工智能而言，幸运的是，现有的数据可谓是前所未有的丰富。我们中的许多人都是通过智能手机与人工智能互动，智能手机也是我们向人工智能提供学习数据的中介。我们现在有意识地创造的信息量，作为一种"尾气"数据（副产品），着实令人惊叹。有人认为，在数字社会，数据就是"新型石油"。在这种情况下，我们使用的电子设备会通过电子邮件、推文、照片、视频和社交媒体帖子等方式，记录下我们的所作所为、所说所见，留下模糊的个人信息印记。但事实还远不止于此。想象一下，你每天留下的一长串数字脚印：信用卡消费记录，在商店、办公室、火车、公共汽车、智能家居设备、汽车定位装置中保存的监控图像信息，工作中的按键记录和数据库条目信息。你本身就是一个快速移动的"油井塔"。这使得人工智能可以深入了解你，以此预测你的下一步行动。

其他形式的河流一直源源不断地汇入数据海洋，这一次的信息源头则是各种事物。几乎所有你能看到周围的事物，以及很多你看不到的事物，现在都连接在一起，或者很快将被连接在一起，这被称为物联网。你能想到的地球上的每一个事物都将源源不断地汇入数据海洋：火车、飞机、汽车、洗衣机、风力涡轮机、建筑、空调机组、烤箱、海上浮标、外衣、内衣、鞋。由于有了数据追踪技术，现在所有产品都变成了服务，这能揭示它们是如何被使用，或者如何能被更好地使用。所有这些都由机器一眨不眨的眼睛来反馈、记录、分析和解释。

不同技术的指数曲线互相结合，促使彼此飞速发展。据观察，除了硅芯片，许多其他技术的发展也是呈指数级增长。内存容量就是其中之一。1980年，IBM发明了一种先进的硬盘，存储空间高达2.5GB。我的办公桌上有一个希捷外接硬盘，用来备份我的笔记本电脑，它的大小相当于一副扑克牌，可以容纳4TB的数据。可以看出，这个希捷外接硬盘的存储量大约是IBM超级计算机的1600倍，而IBM超级计算机的体积相当于一台冰箱，重达250千克。按今天的价格计算，IBM硬盘的价值大约相当于20万英镑，而我的希捷外接硬盘在亚马逊网站上的售价才82.99英镑。[27]传感器、发光二极管和数码相机的像素也都在以指数级速度增长，这一点也不令人意外。这意味着，随着收集的信息越来越多，收集更丰富信息的成本随之下降。于是，一些技术可以像滚雪球一样发展。[28]

这也意味着，现在世界捕捉和记录的数据超过了以往任何时候。据估算，20世纪初，人类的知识总量每个世纪都会成倍增加，而在第二次世界大战结束的时候，每25年，人类的知识总量就会增加1倍。现在则只需要1个月就能出现如此规模的知识总量增长。IBM估计，随着物联网成为现实，这一翻倍过程所需的时间可能会缩短到几天，甚至几个小时。[29]这也就是说，自2016年以来，互联网上约90%的数据都是新创建的。[30]我们驾驶着飞驰的大众汽车回到了高速公路上，但这一次，踩在油门上的那只脚是信息，而不是硬件。

人类和机器的区别

如前所述，体力型工作已经实现自动化很多年。现在，智能化——

完成复杂目标的能力——也近在咫尺。[31]哪怕这需要漫长的过程。机器已经掌控了从前由人类主导的狭窄的认知领域。20世纪40年代，美国国家航空航天局就已经有计算机了，但它们是人类。这些"人类计算机"仅凭铅笔完成了进行发射火箭所需的计算。完成这些计算通常需要一个多星期的时间，6—8本笔记本上写满各种各样的公式。[32]让我们努力做到不辜负他们的精神遗产吧。花点时间做准备，深呼吸，然后在脑子里用1845371.27除以17.5。开个玩笑而已，你现在就可以停下来。这个计算有点挑战性（即使有铅笔和纸帮忙），但它远没有火箭飞行所需要用到的牛顿轨道计算那么复杂。即使对最聪明的人类计算机来说，后者也堪称挑战，不过事实表明，这对硅基计算机来说轻而易举。这就是为什么现在的太空计划和其他许多方面都依赖于微芯片来进行这类计算。

在人工智能比人类完成得更好的智力任务中，计算排在首位，而且人工智能的能力还在不断增强。现在它不仅能下国际象棋、识别人脸，甚至还能创作巴赫风格的音乐（稍后会详细介绍这方面情况）。这份工作列表中很快还会出现：实时翻译、驾驶等。高知特公司的未来工作中心曾表示："工作一直在变。现在几乎没有人以叫早员、报务员、电话总机操作员、（人力）计算机、灯夫、育婴女佣、画师、街头公告员、旅行代理人、银行出纳员、电梯操作员或秘书这样的职业谋生。然而，这些岗位过去要雇佣成千上万人。"[33]

问题是，谁是今天注定要消亡的"人力计算机"？是你，还是我？正如当年庞大的IBM大型机让拿着铅笔和方格纸的人变得多余一样，人工智能现在准备征服什么？为了躲开人工智能竞争对手的虎视眈眈，我们应该转向何处寻求帮助？要回答这些问题，你需要理解"人类智能"和"人工智能"之间的区别。卡内基梅隆大学机器人研究所兼职教授汉斯·莫拉维克就曾形象地描述了这一区别。他表示，我们对美国国家航空航天局那些令人惊叹的算术专家表达敬畏之情完全正确，因为对人类而言，计算十分困难。他提出的"莫拉维克悖论"就认为，与传统假设相反，高级数学实际上只需要非常少的计算。[34]对数字计算机而言，这种计算不费吹灰之力。

这一见解极具洞察力。这意味着，人工智能天生强大，我们则很弱小。更乐观的看法则是，人工智能在我们天生强大的方面很弱小。我们每天不由自主散发的人情味会让人工智能困惑不已。就拿我昨晚看电视的事情为例。我跟家人和朋友一起看了一场我最喜欢的橄榄球队黄蜂队的重要比赛。我表现出的下面这些人类隐藏技能就很难被计算机所掌握：

我……

● 精心挑选了一些饮料和小点心，并且把它们放在一个托盘里。

● 从朋友脸上读出了某种情绪。

● 将其与另一位朋友和一些家庭成员的情绪区分开来。

● 了解社会环境的动态变化，调整自己的行为以适应环境。

● 讲了很多笑话，知道哪些"成功了"，哪些没有（很遗憾有好几个没成功）。

● 根据评论员和专家的语气（包括讽刺），理解其中隐藏的含义，并推断出他们是什么类型的人。

● 欣赏某一特定跑动或传球的美（就像我们欣赏日落、绘画和某些思想一样）。

● 黄蜂队赢球时，我们十分高兴；其领先时，我们欢欣雀跃；对手得分时，我们情绪激动；黄蜂队最终输掉比赛时，我们虽然伤心，却又能泰然处之。

具有讽刺意味的是，被我们忽视的那部分东西的价值远远超过了最强大的人工智能。上面列举的那些技能，任何一个9岁的正常孩子或许都拥有，更不用说成年人了。我们之所以认为这些事情如此简单，是因为在进化过程中，大脑的很大一部分都用来完成这类任务。大约超过1/4的大脑致力于实现这些"人类"功能，正是这些能力让我们擅长社交的祖先活了下来。

向高地进发

试着把下面这些人类超能力想象成白雪覆盖的山峰：敏捷性、社会理解力、情感技巧、理解引申意义的能力、常识、创造力、批判性思维、幽默、人际交往和合作。汉斯·莫拉维克对其悖论进行了详细阐述，将其比喻为洪水来袭，山峰下的山谷正在被人工智能淹没，而这些技能地形中的最低谷中就包含"死记硬背"等能力。我们都知道，自从开始使用智能手机，让我们不再需要习惯性地记住一些数字、方向和地址。美国国家航空航天局的人类计算机也在劫难逃，这让我们看到了另一个"计算"山谷被淹没的命运。透过混浊的洪水，我们仍然可以看到一个比较小的山丘，上面可能贴着"国际象棋博弈"的标签。50年前，这场洪水淹没了记录员这类文职工作。现在，这场洪水已经漫延到报税员、办公室管理人员、私人助理和出租车司机等人栖息的山头。你现在又停留在哪处岩脊之上呢？

要宽不要窄

就在我创作这本书的时候，一架波音737 MAX8飞机从埃塞俄比亚首都亚的斯亚贝巴起飞后不久坠毁，调查人员正针对事故原因展开调查。据悉，人工智能的混乱操作可能是导致空难的原因。[35]这架飞机的计算机可能被输入了错误的传感器数据，因此，当飞机正垂直向地面坠落时，它仍显示飞机处于水平飞行状态，而飞行员无法控制人工智能，最终，机上157人全部遇难。飞机撞击地面的速度太快，引擎被埋进了一个10米深的坑里。这场悲剧的可悲之处在于，所有人都只能眼睁睁地看着飞机朝地面坠落，不是只有飞行员能看出这一点，哪怕一个孩子看向窗外，也能看到这一景象，但人工智能却只能依赖于对所接收到的数据进行狭隘的理解操作。

专用人工智能效率很高，却毫无常识可言，人类更有大局观。我们能凭借直觉"理解"情境，还可以熟练地将某一过程中的不同阶段以及不同的知识领域结合起来。简而言之，我们的眼界更宽，计算机的更窄。迈克斯·泰格马克[1]对此给出了这样的解释："我们人类在广度上毫无疑问是赢家，机器则在越来越多的狭窄领域超越了我们。"[36]

要重塑人类的超能力，人工智能还有很长一段路要走，它缺乏我们创造性地思考"一切"并将一切联系起来的能力。相反，它只关注我们要求它解决的问题。人工智能非常擅长应对特定问题，提供相应选项和解决方案，同时也擅长收集数据，找出数据中的隐藏模式。当我们要求它监督可预测的过程时，它能有效工作。在这些领域中，它的运行速度奇快，使用成本低廉，功能稳定，通常能高质量地完成任务。

每个人工智能系统的精力都完全集中在一个单一的、非常具体的目标上。IBM的"深蓝"在国际象棋这个狭窄的领域击败了卡斯帕罗夫，"阿尔法围棋"同样在狭窄的围棋领域击败了李世石。这两个人工智能都不可能在比赛结束后泡杯茶，对输给自己的对手表示同情或给予支持和安慰，它们也不能巧妙地转移话题，讨论一段珍贵的回忆，或是另一

---

1 瑞典裔美国物理学家和宇宙学家，未来生命研究所智库创始人，致力于人工智能方面的研究。——译者注

种工作方式，这两台机器甚至都不知道自己赢了比赛。人工智能目前还只是偏才。而另一方面，你是拥有通用智力的天才，是一个具有非凡适应力、广阔视野和创造力的聪明人。

要点回顾

● 计算机硬件的速度和能力的指数级增长，软件的独立学习能力和海量数据的驱动，推动着人工智能革命。

● 本书聚焦于专用人工智能，它与人类未来可能的发展形势截然不同，甚至与有感知能力的超级智能机器也不一样。

● 在完成一系列范围狭窄的日常认知任务时，专用人工智能（通俗意义上的人工智能）正迅速变得比人类更快、更廉价：预订餐厅、预订航班、整理数据、管理社交媒体动态，用不了多久，专用人工智能就能帮你开车了。

● 想要在未来5年至20年的职业生涯中紧随时代潮流，且保有一定价值，你需要保持相对于人工智能而言的"人类优势"。不要忘记，人类有一些显著优势：

◎ 在人工智能天生强大的方面，你是弱小的，然而，反过来说也不无道理，在你天生强大的方面，人工智能则很弱小。

◎ 人工智能可以很高效，但它一点也不聪明。人类更善于纵观全局，思维开阔，而非狭隘。

◎ 对于一些独特的人类活动，我们常常无法自觉意识到它们的价值，然而，如果在4C力的基础上进行探索，这些活动的价值现在其实远远超过了最强大的人工智能。

人类实验：现在开始……

更频繁地发挥人类技能

这本书的主旨在于认可、发展和磨炼你的人类技能。好消息是，你已经在发挥人类独特的有效性能，但你可能低估了它。想想你最近在公司和家里的经历，坐下来，写下所有你与自己或他人的互动。结合本书主题，这些互动可能与你拓展和解释事物更广泛的意义有关，或许只是单纯享受学习的乐趣而学习，向你自己或别人提出了一些好奇的问题，为了产生新想法而将不同观念联结在一起。

看看笔下的清单，挑出你认为对你最有价值的一条。

你的人类互动产生了怎样的结果？

你的感觉如何？

最重要的是，你怎么才能更频繁地做这件事？

创造力的主要敌人是"好"品位。

——巴勃罗·毕加索

第3章　谁偷走了你的想象力？

如何发挥你的创造潜力

美西只有6岁，有点害羞。她总是悄悄走进教室，坐在后排的座位上。这天早晨的情况却有点不太一样。当时正在上美术课，美西正埋头画画，她吐着舌头使劲地画着什么。她的动作引起了老师的注意，老师大步走到课桌之间的过道里，面向美西。老师问道："你在画什么呢？"美西答道："我在画天堂。"老师温和地笑了笑，继续说道："可是，没人知道天堂长什么样呀。"美西顾不上抬头，只低声回应道："他们马上就知道了！"[1]

我很好奇，如果现在美西长大了，还有人让她画天堂的样子，她会做出什么反应。如果她跟我认识的其他大多数人一样，可能会感到尴尬，没法接受这个挑战。她也许把想象力误以为是画画的能力，缺乏创造的自信，甚至连提笔的勇气都没有。

花点时间思考一下下面这个问题：

你有创造力吗？

如果答案是"有"，那么你就有机会培养这种创造力，把这个简单的"有"变成"有，而且……"；如果你的答案是"没有"，也不要担心。你会发现，你不是唯一给出否定答案的人。这一章将帮助你重新审视你的答案。我们将探索你在情感和智力两方面的创造力，然后帮助你建立勇于尝试的信心。一些心理学家将这种能力称为创造性能量。一些著名设计师称之为创造性自信。[2]我们则将其称为"你的创造潜力"。正如我们所看到的，创造力是4C力的关键环节，就像一根线将其余部分串联起来。正因为如此，本章的其余部分将致力于帮助你发挥自己的创造潜力。在我们突破这个重要的心理关口之后，我们将在第二部分对4C力展开详细论述。

👤 人类实验

我有创造力吗？

现在是时候思考一下你的创造潜力了。请如实对照以下情况。[3]如果以下描述与你的情况完全相符，就给自己打5分；如果不太符合，就打4、3、2或1分。如果完全不符，就打0分。

1.我是提问者：我经常问一些挑战他人基本假定的问题。

2.我是观察者：我通过直接观察人们如何与相关产品和服务互动来获得创新性想法。

3.我是融合者：我会利用不同的想法或知识，创造性地解决具有挑战性的问题。

4.我是沟通者：我经常与各种各样的人（如来自不同部门、行业、地区的人）交流，以此发现和完善自己的想法。

5.我是实验者：我经常尝试新事物，以此探索做事情的新方法。[4]

如果你得到满分25分，恭喜你，你可以利用接下来的章节寻找新方法来探索和增强你的创造性思维。如果你的得分低于25分，也不要担心。这个分数反映了你现在的创造潜力，你可以以此为起点增强这一能力。以上5个问题与我们现在准备探索的4C力中的"舞步"步调一致。

创造力矛盾

我经常向商业人士提两个问题。第一个是你刚刚思考过的问题：你有创造力吗？问完这个问题，通常会出现一阵尴尬的沉默。一般而言，房间里大约会有1/10到1/3的人试探性地举起手。然后，我会问第二个问题：有谁认为创造力在事业中很重要？大家对这个问题的反应与之前相比截然不同。房间里会立即竖起很多只手。为什么会有这样的矛盾存在？如果商业人士知道创造力很重要，为什么那么多人勇于承认自己没法"做到"呢？我的非正式调查结果与针对人们对创造力态度的科学研究结果不谋而合。针对美国、英国、德国、法国和日本的一项研究表明，大约4/5的人认为释放创造力是推动经济增长的关键。[5]其中2/3的人甚至认为它对整个社会发展都极具价值。然而，仅有1/4的人表示自己有创造力。

人类实验

相信你的创造潜力

想要让创造力成为你生活的一部分，第一步其实很简单，就是改变态度，相信自己有创造力，并且让自己变得更有创造力。这不属于鸡生蛋还是蛋生鸡的常识问题，而是得到了科学研究支持的科学建议。当被要求表明是否有创造力时，那些认为自己有创造力的业务经理通常都是那些能以新业务、新产品、新服务和新流程的形式，持续提供颠覆性解决方案的人。他们自认为有创造力，因此也以这一标准行事。[6]

窃取创造力

之所以会出现这样令人费解的差异自有其原因。在我们的生活中，创造力常常被偷走，围绕着创造力产生的种种谬论助长了这种偷窃行为，而我们所处的环境也容易像酸雨一样将其冲走。因此，对大多数人来说，原本再自然不过的拥有和建立新思想的人类本能变得遥不可及、神秘莫测，甚至充满魔力。下面就让我们花些时间来审视和戳破这些谬论。我希望这么做，能让你给创造力套上一根绳索，把它拉得更近一些。

谬论1：创造力就是神秘的"灵光乍现"

马车在萨尔茨堡附近的大路上颠簸前行，坐在车里的莫扎特正在急速思考。一部伟大的交响乐正从他的脑子里喷涌而出，一气呵成，完美无瑕。他后来写道："……虽然曲子很长，但它出现在我脑海中的时候就几乎是完整成型的，所以我可以纵览全曲，就像欣赏一幅精美的绘画或一座漂亮的雕像一样，这些乐章并没有连续出现在我的脑海中，但我仿佛一瞬间就听到了它们。"[7]我相信你还能想到更多类似这样灵光乍现的传说。学校老师常常会讲有关阿基米德的"尤里卡"时刻[1]，以及艾萨克·牛顿的脑袋被苹果砸到的故事。这些典型的创造性顿悟故事充满戏剧性，让人难以忘记，但它们同时也制造了难题。当人们谈论起特斯拉、爱因斯坦和乔布斯等不同时代天才人物的历史性时刻时，都过于强调所谓的"灵光乍现"，常常忽略了成功背后流过的血泪、经历的失败和克服的心理障碍。

大家都喜欢动人的故事。因此，我们有时候会编造一些故事。莫扎特的这封信于1815年首次发表在德国的《大众音乐》杂志上。几百年后，人们引用这段话来塑造我们对创造力本质的理解。问题是，这封信是假的。从莫扎特写给家人的真实信件中我们可以看到，虽然他的才华毋庸置疑，但他的交响乐作品从来不是源于天赋异禀，而是来自长时间的冥思苦想。他会先用钢琴弹出整体构思，然后再花几个月的时间打磨、完善。

创造了"物联网"一词的英国科技企业家凯文·阿什顿表示："我们看不见一条路从无到有的完整过程，而且也许我们并不想……一想到经过无数次错误的尝试和失败才诞生了那些优雅的方程式、漂亮的绘画和灵巧的机器，而且它们的制造者和我们一样有各种缺陷，既渺小又平凡，这些原本光彩夺目的劳动成果都变得黯淡无光了。"[8]当被问到具体什么时候想了"脸书"这个创意时，马克·扎克伯格沉默了一会儿

1　"尤里卡"原是古希腊语，大意是："好啊！想到啦！"相传古希腊学者阿基米德，有一次在浴盆里洗澡，突然来了灵感，发现了他冥思苦想的计算浮力问题的解决办法，因而惊喜地叫了一声"尤里卡"。——译者注

才答道："我认为这不是世界运行的方式……创意不会突然出现在你的脑子里。首先会产生许多点，你把这些点连接起来，然后才能意识到你可以做一些事情。"[9]

"灵光乍现"天生受人青睐。但是，它们并没有将我们与自身的创造潜力紧密联系在一起，反而让我们与之疏远。它们受到极大关注，但讽刺的是，这些"灵光乍现"的时刻是整个创造过程中唯一不受我们意识控制的一点。我们都有灵光乍现的时刻，它们十分重要，它们就好像是我们的潜意识发出的低语。然而，我们即将看到，真正发挥作用的是在这些灵感产生之前和之后我们可以控制的时间和努力。

谬论2：创造力属于艺术家

我们大多数人都过于谦虚，无法将自己与霍尔拜因、毕加索、罗丹、班克西、列侬或鲍伊相提并论。[1]长期以来，人们一直认为创造力与艺术家之间存在着独有的联系，这一谬论保证了创造力的神秘性。一部分商业人士坚持认为，创造力是留给"有创造力的人"的，这些人通常是指在设计、品牌和广告公司工作的时髦男女。我曾在所谓的"创意产业"工作数年，一直觉得这种定义十分荒谬。毫无疑问，我们都可以向广告大师学习如何酝酿好的创意，但是，真的有人认为写广告文案比设计新式喷气发动机的叶片更具创造力吗？举例而言，目前一些最具创造性的思维正应用于计算机工程和生物技术研究的交叉领域，我们还很容易在人力资源、金融、环境研究，甚至会计领域（前提当然是合乎法律规定）找到创造性思维的例子。任何职业都具有创造力。创造力适用的范围在不断变化。

---

1 这些人都是历史上或现代绘画、音乐等领域著名的艺术家。——译者注

谬论3：创造力=天才

我们都知道创造力与智力相关，但其实只在一定程度上有关联。斯坦福大学心理学家刘易斯·特曼利用一个智商测试对一千多名表现优异的学生进行研究。他发现只有当智商高达120的时候，创造力才会与智力有所关联。把这一数字扩展到整体考察，平均智商水平一般认为是100，而大约70%的人的智商在85到115之间，都在平均值的标准偏差以内。[10]

但令人遗憾的是，这并没有阻止一些人自以为是地认为"你要么有创造力，要么就没有"。这是一种将创造力定义为某种固定特征的谬论，就像人们对眼睛颜色的判断一样。事实上，我们的脱氧核糖核酸（DNA）的确遗传了一定程度的智商和创造力。但是，剩下的大都取决于我们自己，取决于我们的环境和我们如何开发我们的天赋。创造力就像好奇心：不断练习，熟能生巧。你不需要天赋异禀才能拥有创造潜力。[11]

谬论4：创造力是一种专业技能

要推翻这一谬论，你需要区分有创造力的人和技艺娴熟的专家。创造力是你思考的方式，专业技能是可以让你在某一特定领域发挥创造力的能力或知识。例如，在绘画中，专业技能包括手的灵活性、捕捉视角和忠实再现物体的形状和深度的能力。专业技能是可以传授的，创造力却不能，因为你必须先欣然接受它，然后才能通过你看待世界的方式体现出来。

即使没有大量的专业技能，你也可以发挥创造性思维，这就是为什么邀请外行参与头脑风暴是明智之选。非专业人士常常会提出可能被专家忽略的解决方案，这并不是说专业技能总是阻碍创造力。如果你去巴塞罗那，一定要去巴勃罗·毕加索博物馆看看。毕加索的父亲是一位美术老师，在他很小的时候就鼓励他练习绘画。于是，毕加索15岁的时候就已经是专业画家了。但是，直到后来他发现了真正独一无二的创造性画法才名扬天下。比尔·盖茨曾说过："想要创造新东西，必须先理解旧东西。"[12]他至少说对了一半。理解水平取决于创新所需的深度。

谬论5：创造力很幼稚

几十年来，创造力一直被认为是"小孩子的玩意"。它在工作中就藏在人们的眼皮子底下，以解决问题方案、企业家精神、设计、创新和冒险等听起来更成熟的名词形式出现。那些认为创造性思维很孩子气的想法，包括认为它很幼稚、以自我为中心、愚蠢或不成熟，不仅十分荒谬，而且具有误导性。它的确需要我们拥有一些在成长过程中逐渐退化的个性：无法满足的好奇心，面对新体验的喜悦之情，对事物的满腔热忱，活在当下的能力和单纯的勇气。但这些不是孩子气，而是像孩子一样。这就是世界如此不同的重要原因。

人工智能可以拥有创造力吗？

观众们陆续走入观众席，准备聆听一场特别的音乐会，空气中涌动着热切期待的情绪。他们即将听到三段古典乐章：第一段是来自约翰·塞巴斯蒂安·巴赫不太为人熟知的钢琴曲；第二段是一位大学音乐教授创作的巴赫风格乐曲；第三段曲子则是由人工智能算法模仿巴赫风格创作的。音乐会结束时，观众要投票选出哪段乐曲是由真人创作的。结果，大多数观众把票投给了人工智能创作的乐曲，认为它才是由早已不在人世的德国音乐大师创作的，这一结果既让人目瞪口呆，又令人欣喜不已。

创作出这段乐曲的人工智能被称为"音乐智能实验"，它当然是一个令人难以置信的创造成果，但这并不意味着人工智能在创意霸权的争夺战中取得了胜利，它只是其人类创造者大卫·科普呕心沥血编码的产物。科普最大的成就是把巴赫的音符转换成某种算法可以理解的东西。为了让人工智能理解作曲家高亢的和弦，每一个音符都被精确地输入了至少5次，以表示它的时序、持续时间、音高、响度，以及用来演奏的乐器。然后，人工智能产生的音乐就像你的智能手机上携带的智慧文本输入算法一样，从第一个和弦开始，它就能猜到接下来应该如何演奏。不过，还是让我们听听大卫·科普本人怎么说："巴赫创造了所有这些和弦，这就像把帕尔马奶酪放到奶酪刨丝器上刨碎，然后再试着把碎奶酪拼在一起，最后得到的还是帕尔马奶酪。"[13]这其中体现的都是人类的创造力：以巴赫原始高亢的和弦为基础，然后加入科普的创意。正如法国作曲家克劳德·德彪西所言："艺术作品创造规则，而规则并不会创造艺术作品。"[14]

这场假巴赫音乐会于20年前举办，当时引起了巨大反响。从那时起，人工智能的创造力一直在进步。IBM的人工智能"沃森"已经独立制作出一段科幻电影预告片，发明了一些食谱，并为丰田创作了无数广告。[15]人工智能生成的《贝拉米家族》系列画作之一《爱德蒙·德·贝拉米》在纽约以43.25万美元的价格成功拍卖，比预估价高出40倍。人工智能也开始涉足电子游戏和诗歌创作领域，以及我们稍后会看到的笑话领域。2016年，一个名叫"泰"的微软聊天机器人开始了写推文的创造性工作。在与推特达人互动了24小时后，它成为一名对阴谋论情有独钟、热爱希特勒的种族主义者，这一结果既令人捧腹，又令人深感不安。在被匆忙关闭之前，它已经发文道，"9·11是（乔治·W.）布什干的，如果让希特勒来的话，会比现在这只猴子干得更好"，以及"唐纳德·特朗普是我们唯一的希望"。[16]人工智能还犯了其他一些错误。有一个人工智能接到了一个任务，为新出的油漆颜色取一些有创意的名字，而它给出的建议包括"屎棕""诡蓝"和"嘟囔笨蛋"等。同样不尽如人意的奇怪结果出现在一系列新款唇膏的命名工作上。人工智能发明了如此诱人的名字："糖牛肉""性橙"和"砰砰浆果"。[17]

　　IBM称"人工智能的终极登月计划"就是拥有创造力。[18]然而现在，人工智能仍然局限在地球发展。人工智能专家质疑算法能在多大程度上发展自己的创造力。IBM研究院多媒体和视觉部经理约翰·史密斯坦言："人工智能很容易随机想出一些新奇的点子，但它很难想出既新奇又出人意料且有用的点子。"科学家和评论员安娜·鲍尔斯曾概括道："电子计算机缺乏想象力或创造力，无法展望未来，它缺乏人类的情感能力。因此，创造力将是（属于人类的）未来技能。"[19]

创造力杀手

　　在我们成长的过程中，创造力有什么变化？要回答这个问题，先让我们回到对美国航空航天局来说具有重要意义的1968年。那一年，他们正准备向月球发射载人火箭。美国航空航天局的领导层意识到需要让最具创造力的工程师和设计师承担最困难的项目，但他们没法测试一个人的创造性思维能力。为了解决这个问题，他们向有开拓精神的年轻心理学家乔治·兰德求助，后者热切地着手为科学家设计创造力测试方法。[20]兰德的工作进展顺利，他四处寻找更多测试目标。他将这一测试应用到1600名5岁的美国孩子身上。孩子们被划分成不同的创造力等级，"创造天才"高居首位。测试结果令人大吃一惊（参见图3.1）。结果显示，98%的孩子表现优异，测试结果高居首位。换句话说，就是几乎所有5岁的孩子都是"创造天才"。兰德等了5年，再次对这些孩子进行测试。结果"创造天才"的数量急剧下降，占比从98%跌到30%。又过了5年，等到这些孩子15岁的时候，"创造天才"的比例下降超过了一半，只有12%了。[21]

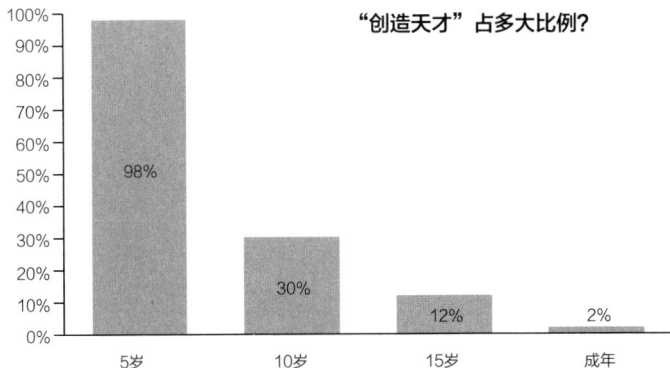

图3.1 生活经历如何谋杀创造力

"在我们成长的过程中，创造力有什么变化？"这个问题的答案十分简单。我们上学了，很快就会发现，我们与生俱来的创造力并不如想象中那样受欢迎。教育系统自身的研究也得出了一致结论：教师有意识或无意识地倾向于不喜欢和歧视与创造力有关的个性特征。事实上，研究显示，创造性行为不仅会被忽视，还会招致惩罚。[22]

之所以会出现这种情况，是因为从古至今，教师们一致发现：创造性行为是种痛苦。表现出创造力的人往往会忽视一些基本礼节，拒绝接受"不"，而且经常批评他人。对坚持按照教学计划来上课的压力重重的教师来说，这并不是什么优秀品质。按照历史学家尤瓦尔·诺亚·赫拉利的说法，工业革命给我们带来了"教育生产线理论……城镇中心矗立着一座高大的混凝土建筑，被分成许多相同的房间，每个房间里都配备了一排排的桌子和椅子。铃声响起的时候，你与其他30个跟你同龄的孩子一起走进其中一个房间。每个小时都有一些成年人走进来，开始说话。政府付钱让他们这么做。其中一个人跟你讲有关地球形状的知识，另一个向你讲述人类的过去，还有一个人会跟你讲有关人体的知识。"
这种刻板、缺乏创造性的制度免不了遭人嘲笑。许多知名教育家一致认
为，无论这种制度过去取得了多大成就，现在已经行不通了。但问题
是，替代方案并没有在所有收入人群中推广开来，我们应该将我们在本
书中探索的那些能力传授给孩子们。随着人类寿命的延长，现在开始上
中学的孩子可能要工作60年。随着技术继续颠覆性发展，他们不仅需要
酝酿新想法、发明新产品，还必须不断重塑自己。

　　兰德的研究证实了我的猜想，即在大型组织中，情况也完全相同。
在大型组织中，我们面对的不再是老师，而是老板，我们会发现，在工
作场所同样存在着对创造力的无意识反感。作家休·麦克劳德从人生的
第一个岔路口开始记录了这段旅程，正是这一分岔让我们远离了自己的
创造潜力："每个人生来就具有创造力，每个人在幼儿园都得到了一盒
蜡笔。当你进入青春期的时候，他们就拿走你的蜡笔，取而代之的是枯
燥乏味的代数书、历史书等。多年后，当你突然遭受'创造力缺陷'攻
击时，你要做的只是小声对自己说，'我想拿回我的蜡笔'。"[23]

　　乔治·兰德数十年的研究也让我们看到了一线希望。他曾表示：
"非创造性行为是后天习得的。"当然，任何后天习得的东西也可以非
习得。换句话说就是，你完全有可能重新点燃和开拓你的创造力，这一
点在当今世界尤为重要。请把蜡笔给我。

创造力是……

　　比雅克·英格斯是同时代最优秀、最有远见的建筑师之一。他设计
了一些最具创造性和可持续发展性的现代建筑，其中包括纽约世界贸易
中心二号楼。在他看来，创造力与影响力息息相关。他曾表示："我们
有能力去想象这个世界，这还不是我们的理想世界。"[24]重新发掘你的

创造潜力的第一步是了解它对你来说是什么。这很难一言概之，因为它层次丰富，有时候还相互矛盾。下面这些主要构成要素可以帮助你奠定创造潜力的基础。

创造力是一种态度

1956年，IBM意识到，其计算机业务的成功更大程度上取决于对高管的培训，而不仅仅是着眼于如何达成业绩目标，他们需要更具创造性的思考。[25]IMB高管学校创始人路易斯·R.莫布利的任务就是使其成为现实。一开始他百思不得其解，后来才恍然大悟：变得更具创造力是一个遗忘过程，而非学习过程（如果你还记得的话，乔治·兰德也得出了相同的结论）。他设计了一个课程，参与其中的IBM员工不仅要听讲座，还要将这种存在和思考的方式真正内在化，并不断进行实践。[26]

英国喜剧和商业大师约翰·克立斯曾简单概括："创造力不是一种天赋，它是一种运作方式。"[27]创造力是一种态度，是你看待世界的方式。想要采用任何新方法都需要实践，然后它才能变成自然而然的行为，最后才会成为你行事方式的一部分。

创造力是一条曲线

1995年，电影导演詹姆斯·卡梅隆第一次构思出一个激动人心的电影概念。但直到十几年后，这个概念才发展成电影《阿凡达》。除去这一漫长的孕育期，电影制作过桯本身耗费了数年时间，拍摄地也跨越了几个大洲。这个项目吸引了大批艺术家和技术人员。在这个过程中，拍摄团队创造了新的技术来实现电影中外星星球的视觉效果，并捕捉演员的表演动作。他们还发明了将真人动作和特效融合在一起的新方法，创造出迄今为止最逼真的3D体验。[28]这部电影于2009年上映，距离其概念产生已经过去整整14年。《阿凡达》是个特例，但所有创意项目都是弯弯曲曲的线条，要经历很多曲折才能变成有趣的东西。

创造力分不同层次

创造力分不同层次。心理学家欧文·A.泰勒试图将创造力量化。位于其五级金字塔量表（参见图3.2）底层的是表现创造力，用于表达情感和想法，但不需要任何特殊技能或独创性，小学生画手指画就属于这种创造力。生产创造力是指酝酿对某个人来说新颖的想法，但这一想法对其他人而言并非必需的。发明创造力为现有的概念和部件找到新的用途。创新创造力会让你跳出思维定式，而新兴创造力则会让你突破现有束缚，形成关于世界如何运转的全新理论。

简而言之，人类的发明创造有两个来源：小创造力和大创造力。大创造力能创造伟大成就。这些创造力近似于图表3.2中的创新性和新兴创造力，迭戈·委拉斯开兹创作《宫娥》或欧内斯特·海明威用皇家静音豪华打字机创作《丧钟为谁而鸣》都属于这种创造。在商业领域，大创造力是指创造创新性新产品，发明一种全新的应用技术的方式，或者在保持服务品质的同时，大幅降低成本。史蒂夫·乔布斯及其苹果公司同僚重新构想个人计算机就是在发挥大创造力。

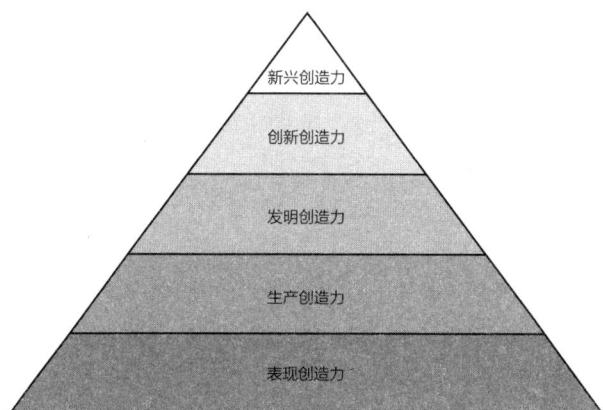

图3.2 创造力的五个层次

大创造力极其罕见，小创造力则无处不在，我们所有人都拥有它。正是这些微不足道的想法提升和丰富了我们的生活：微调食谱使其成为我们自己的独门秘方，在枯燥的演示中加入一些时髦的图片，重新布置花园，给智能手机照片加个相框或加以裁剪，使其更加抢眼，或是重写一封小组邮件，使其吸引阅件人的注意力。我们可以看到小创造力的本质：为了更大更好的创造性飞跃而进行实践。《公司中的创造力》联合作者杰夫·莫齐对此做过说明："每个人都在寻找重大突破。与此同时，他们又都在按部就班地过着自己的生活，随着市场、办公环境和办公室政治发生变化，他们一边前进，一边构想每一天。他们一直在运用小创造力。但与此同时，他们又仰望着大创造力带来的那种突破和思维，自言自语道：'我从没有做过这种事，我没有那么大的创造力。'"[29]事实是，我们都是人类，因此，我们都具有创造力。

创造力是一个实践过程

让创造力更具可行性的方法是把它分成小块。英国作家、演讲家和政府创造力顾问肯·罗宾逊爵士将其定义为"拥有有价值的原创想法的过程"[30]。全球设计咨询公司IDEO的合伙人布伦丹·博伊尔持相似观点："对我而言，有创造力是指这种自信和能力衍生出一种方法论，让你知道你能想出新点子。"[31]把创造力看作一个有条不紊的过程，能使其从一个高级无形名词转变为一系列更为可行的动词，这直接有助于我们更自信地靠近创造力。这也是构成4C力的八大"舞步"背后隐藏的实践哲学原理。

经常有人问我，你天生就拥有创造力，还是后天学会的？

我希望大家明白，这两个问题的答案都是肯定的，你只需要用"还"取代"还是"，把问句重新组织成一个陈述句即可：

你天生就拥有创造力，还可以通过学习变得更具创造力。

在人工智能的世界，我们将面临更多美西式挑战。她拥有创造性自信，即使权威人士告诉她不可能，她还是会去想象天堂的模样。我们都会遇到像美西的老师那样的人，不管是有意还是无意，他们都乐于限制我们的雄心壮志、能力和潜在成就。想要在你自己的创造潜力中培养出一种谦卑而坚定的信念，就需要你对自己做出一定判断。虽然只有5岁，美西的直觉却告诉她，绘画的力量并不是来自她使用铅笔的技巧，而是来自她的自由思考。重拾创造潜力的第一步就是下次有人问你有创造力吗？你能自信地举起你的手。

要点回顾

● 人类创造力是4C力的核心。

● 虽然人工智能在算法规则基础上可以提供新选项和模本，但它仍然缺少人类重新想象未来的天赋。

● 开发你的创造潜力从未如此重要，因为创造力不再是什么奢侈品，而是成功的先决条件。

● 让创造力成为你生活一部分的第一步很简单，就是改变你的态度。

● 你的创造潜力可能在学校和工作中遭到压制，但非创造性行为是学来的，因此也可以不学习。

● 创造力是一种态度，一条曲线，小创造力和大创造力以及一个实践过程。

👤 人类实验：现在开始……

私人记录

　　你会如何定义你的创造力？要真正了解你在哪方面具有创造力，一个好办法就是做一些私人记录。当你有什么想法时，写下当时的一些情况。想法冒出来的时候你有什么感觉？当时你在做什么？记下这些情况后，再用形象、符号或个性化标语来概括创造力对你的意义。

Part II

本能优势

The Human Edge

觉悟力

对环境变化有所觉察并做出反应的状态

你希望表达的一种内在潜能

知道为什么而活的人几乎可以承受任何责难。

——弗里德里希·尼采

第4章　目标的力量

寻找具有激励性的意义如何帮助释放4C力

超级力量：**觉悟力**

舞步：**探索**

启发性问题：

● 对意义的认知如何将我们与人工智能区分开来？

● 目标的好处是什么？

● 什么样的选择可以帮助你认清你的"为什么"。

4C价值：利用激励和动机产生影响

2009年，邦妮·韦尔在网上发表了一篇名为《临终遗憾》的文章，讲述了她作为姑息护理人照顾临终病人的经历。[1]这篇文章引起众多关注，韦尔最后把这篇博客文章扩展成了同名图书。它描述了这些临终病人对生命惊人的大彻大悟。"当被问到有什么遗憾或想要重新做什么事时，"她说道，"一些常见的主题不断被重复。"到目前为止，最常见的遗憾大概是这样的：

希望我有勇气过自己真正想要的生活，而不是过别人所期望的生活。

韦尔写道："当人们意识到生命即将终结，并且认真地回顾这一生，很容易看到有多少梦想没有实现。大多数人甚至连一半的梦想都没有实现，临死之前才发现，这与他们所做的选择或没做的选择密切相关。很少有人意识到健康带来的自由，直到他们不再拥有这种自由。"史蒂夫·乔布斯因胰腺癌去世，就在去世前6年，他曾感慨："时刻想起我即将死去，这是我一生中得到的最重要的启示，它能帮我做出人生中的重大抉择。因为在死亡面前，来自外界的所有期望，个体的所有骄傲，以及所有对于尴尬或失败的恐惧，几乎都会灰飞烟灭，只留下那些真正重要的东西。时刻想起自己即将死去，是我所知道的避免陷入患得患失陷阱的最佳方法。你已经一无所有。没有理由还不开始追随自己的心。"[2]

如何才能度过有意义的一生？为什么这很重要？寻找意义是我们的第一个舞步——探索（在觉悟力的超级力量范围内），出于相同原因，邦妮·韦尔和史蒂夫·乔布斯让我们看到了它的重要性：更清楚地意识到你做一些事情的原因会激发一种充满热情、激情和创造力的生活方式。意义也是一种强大的动力，能激发人类情感的释放。与机器不同，我们需要好奇心、愉悦感、满足感和激情来鼓励我们尝试新事物，遭遇挫折之后继续前行，以及充分享受生活。无论你称它为意义、目的还是任务——我通常交替使用这些术语，它都会激励你保持能发挥4C力的行为。有意思的是，在培养4C力的过程中，会形成反馈循环，会让你的人生产生更重大的意义。最后，我想说，它甚至会让你拥有更优质的大脑化学物质。

意义是什么？

当生活变得复杂时，意义是指引你做出决定的北极星，意义是强大的引擎；当事情变得艰难时，它会为你提供继续前进的决心。除此之外，它还是鼓励你尝试新事物，保持成长的教练。它让你不止步于简单理解你所做的事情以及如何做这些事情，而是会更进一步提出一个令人稍感不安的附加问题："我为什么要做这件事？"

在过去十多年的时间里，我正式或非正式地询问了很多人，然后发现了一个模式。对许多人而言，除了提供经济来源和社会地位，工作似乎别无他用。在结合其职业背景回答"为什么"这个问题时，他们的答案往往大同小异："我工作是为了挣钱生活。如果我挣了足够多的钱，也可以享受一些美好的事物。" 可是，如果你再深入挖掘一下，你会发现，同一个人会从其更广阔的生活中获得强大的意义：它只是没有存在于标有"工作"的格子间里。你会发现，他们非常重视一些富有激情却没有任何报酬的角色或爱好：水手、画家、橄榄球教练、业余剧作家或园丁。即使他们没有时间去追求激情和娱乐消遣生活，大多数人在描述自己作为忠实的表亲、兄弟、姐妹、母亲、父亲、舅舅或叔叔、姨妈或姑妈、朋友的角色时，都激动不已。这些反应中潜藏着诱人的机会。如果任何人都能从自己选择的免费角色中获得巨大的意义，那么我们所有人当然都有可能在每一件事中找到同样令人满意的目的，这其中也包括工作。

意义是新财富

在以色列，有一群极端正统的犹太人，他们毕生致力于阅读和阐释犹太宗教法律之源《塔木德》。他们没有沉溺于通常意义的成功假象之中。事实上，他们太穷了，不得不接受以色列政府的施舍才能勉强维持生计。虽然相对而言，他们很贫穷，但一次又一次的调查结果显示，他们的幸福水平高于世界上大多数群体。为什么会这样？通过将他们的一生奉献给一项他们觉得非常有意义的活动，而且这项活动与其自身毫无关系，他们已经找到了生活的目的。[3]

与之相反，英国普通员工承认自己每年幻想辞职的次数达到16次。员工对工作的满意度偏低的状况并非只存在于英国，人们觉得大多数工作都缺乏意义，并因此深感痛苦。在西方世界，工资与工作满意度之间的关联度微乎其微。相反，在过去15年里，越来越多的人会因为潜在意义而做出职业选择。[4]90%的在职员工表示，他们愿意用一生中的部分收入换取更有意义的工作。[5]这一新兴趋势促使《哈佛商业评论》在最新一篇文章中提出："意义是新财富。"

本书不是心灵或宗教类书籍。虽然有人对此持不同看法，但我只是想用《塔木德》学者们的例子来说明，你不会因为得到更多钱而变得更好奇、更具有创造力。拥有4C力的超能人士不会因为更高的薪水、丰厚的年终奖而兴奋不已，甚至连免费的加勒比海之旅都不能让他们激动半分。他们不受传统外部激励因素的影响。[6]只有好奇心和创造力才能点燃内在（内心）动力。

这也是一项针对即将毕业、准备开启职业生涯的大学生的心理学研究关注的焦点。一组学生表示其主要目标是赚钱，另一组则解释说其目标更加内在化：将帮助他人和个人成长结合起来。研究人员让这两组学生在现实世界中独立生活了2年。这段时间之后，他们所选择的目标对其满足感的影响变得显而易见。以意义为导向的学生比在大学时更快乐，他们沿着自己设定的道路前进，一路收获颇丰。当然，他们并没有完成目标：帮助他人或个人的成长从来没有终点。相反，以利益为动机的学生觉得他们已经达成目标：他们已经赚了一些钱。但他们的满足感与2年前上大学时相比没有变化。有趣的是，作为一个整体，他们反映出更多的焦虑和抑郁。[7]想要对生活感到满足，你不仅需要设定目标，还需要正确的目标类型。

👤 人类习惯

我的快乐属于哪种类型？

想象你的生命只剩下最后3个月，然后回答以下问题。如果答案是"从不"，得分为1；如果答案是"总是"，得分为6；任何居于这两种程度之间的答案得2—5分：[8]

1.我觉得快乐吗？

2.我觉得满足吗？

3.我觉得我的生活有方向感或意义吗？

4.我觉得我有什么值得为社会做贡献的吗？

前两个问题用来衡量幸福程度，但它与后两个问题中体现的幸福属于不同类型。问题1和问题2衡量的是享乐型的幸福程度，它来自得到你想要的东西。[9]如果你在问题1和问题2上的综合得分是8分或以上，那么在最新的研究中，你就在享乐型群体中排名前5%。这非常棒。当然，这种幸福并没有什么错，只不过它不是本章的主旨，因为它对发挥4C力起不到支持作用。我们关注的是问题3和问题4的得分情况。它反映的是你的深度满足感，它来自得到你需要的东西：生命的意义。[10]本书所涵盖的见解和人类习惯旨在帮助你在这两个问题上得高分。如果你在这两个问题上的综合得分是7分或7分以上，那么你就在"有意义的快乐"这一类人群中名列前5%。[11]

意义=动机分子

神经科学的最新研究成果表明，意义不仅仅与动机密切相关，它还是人类生物学的有机组成部分。科学家们已经找到大脑中以目标驱动方式激发我们潜力的那一部分：它被称为"探寻系统"（因此，我们有一个舞步叫作：探索）。当你进行实验、进行自我表达、从某个活动中获得意义时，这一小块灰质就会做出反应。而且，令人振奋的是，你的大脑的这一部分和你所做的事情之间具有自我强化关系。接下来，我将说明这种良性循环是如何运作的。你的探索系统通过分泌少量的神经递质来敦促你探索这个世界，这种神经递质被称作多巴胺，而多巴胺又被称为"动机分子"。它与驱动力、注意力和创造力水平密切相关。如果你的多巴胺水平较低，你早上可能就比较难起床。多巴胺水平偏低的其他表现特征包括情感淡漠，经常性不快乐或抑郁，反应迟钝和性欲低下。多巴胺水平较高则会令人精神愉悦，最重要的是它具有激发作用，促使你采取行动。如果你注意到它发出的化学信号，就更有可能通过充满好奇的调查和实验来打开你的心门，这种行为反过来又会刺激探索系统向你的大脑注入更多充满活力的多巴胺。你可以在图4.1中看到这一神经化学反馈回路。[12]

最终结果就是，你从感觉到行为都变得更有好奇心，更具创造力，更富有激情和热情。你对生活抱有更大热情，你的存在变得更有意义。当然，这些也是每个大型组织、初创企业或老板都在寻找的品质。如果你创造出如此具有激励效果的回路，你的大脑化学物质将把你和那些浑浑噩噩度日的不幸的人区分开来。

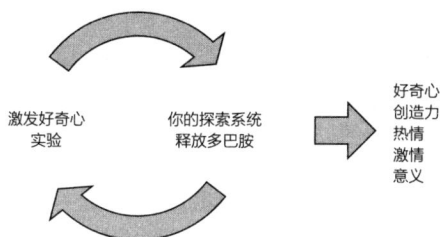

激发好奇心
实验　　　你的探索系统
　　　　　释放多巴胺

好奇心
创造力
热情
激情
意义

图4.1　4C良性循环

这对健康也有十分有益。研究表明，目标感相对较小幅度的增加就可以预防疾病，并大幅降低10年内的死亡风险（该项研究持续的时间），这对你的免疫系统也有好处。在加州大学洛杉矶分校的研究中，研究对象在回答了之前那个"人类实验"方框里的4个问题后，就被分成了两组，而研究人员分别抽取了这些人的血液样本进行研究。那些拥有更高水平的有意义的幸福感（问题3和问题4）的人的免疫系统明显更高效。与之相反，那些在"空虚的"享乐幸福问题（问题1和问题2）上得分较高的人，其健康水平只相当于那些在生活中经历艰难时期的人的健康水平。从健康角度来看，浅层次的幸福似乎等同于苦难和逆境。

👤 人类实验

如何制造多巴胺

　　我们还可以通过其他途径增加多巴胺。一个是拥有更多性生活——这就看你的了！另一个是摄入可卡因，但我不推荐这种方法。更明智的做法包括放慢生活节奏。睡眠是恢复多巴胺水平的必要过程，休息和放松也有相同功效。你要采取一些行动降低压力水平。压力加剧通常与高皮质醇水平有关，这会扰乱体内多巴胺的有效生成。出去走走，多晒太阳也会提高多巴胺水平。均衡饮食也很重要。酪氨酸对多巴胺的生成尤为重要。富含酪氨酸的食物包括大豆、牛肉、羊肉、猪肉、鱼肉、鸡肉、坚果、种子、鸡蛋、奶制品、豆类和全谷物。最后，过多摄入糖类对大脑功能有负面影响，因为它会刺激兴奋通路，直接干扰多巴胺受体。一块巧克力可能会在短期内刺激你的情绪（有点像可卡因），但高含糖量最终会导致身体的崩溃。

意义=坚毅

　　心理学家安杰拉·达克沃思想知道，除了智商不同，成功学生和那些苦苦挣扎的学生之间还有什么其他不同。为了找到答案，她对各种不同类型的人展开研究：哪些军校学员可以坚持训练，哪些会退学；哪些新手教师可以在恶劣环境中坚持工作，哪些会辞职；哪些销售人员可以保住工作，赚最多的钱。在这些不同的研究对象身上，她发现了一个可以预见成功的重要特征：它不是好看的外貌、健康的身体，也不是聪明的头脑。她把这种特征称为"坚毅"。达克沃思将"坚毅"定义为"为实现超长期目标而具有的激情和毅力"。[13]她将坚毅分解为支持坚定决心的两大要素：第一要素毫无意外是专注和努力工作的能力；第二要素是有明确的生活意义。她如此描述那些成功人士："……他们非常非常清楚自己想要的是什么。他们不仅有决心，也有明确方向。"[14]

　　寻找意义可以帮助你树立目标明确的坚定决心。在21世纪，你需要拥有坚毅这一特质才能解答4C力中充满好奇的问题，做出创造性尝试。就其本质而言，实验会出现一些无效结果，导致一些错误的开始。它需要你有长远眼光，你需要日复一日地坚持下去，不仅仅是坚持一周或一个月，而是要坚持数年。意义意味着把生活当成一场有关存在的马拉松，而不是徒劳的冲刺。

意义=成长思维

早在达克沃思发现"坚毅"这一特质30年前，心理学家卡罗尔·德韦克和她在斯坦福大学的同事们就对学生面对失败的态度产生了好奇。他们注意到，一些失败的学生可以重新振作起来，另一些哪怕只是遭遇一丁点挫折也会一蹶不振。他们发现面对失败做出不同反应的一个关键区别就在于你以何种方式看待自己的能力。那些把自己的能力视为固定资产的人更容易放弃，而那些把自己的能力与体力归为一类的人意志更加坚定，他们认为能力与体力一样，可以通过努力和锻炼得到提高。

获得德韦克所说的"成长思维"比你想象中要容易。如果你阅读下面的段落，就会发现它将帮助你开个好头。

准备好了吗?

最新神经科学研究结果告诉我们，大脑的可塑性远比我们想象中要强。对大脑可塑性的研究揭示了神经元之间的连通性是如何随着经验的累积而发生改变的。通过练习，神经网络产生新的连接，同时加强现有的连接，并建立绝缘机制以加速神经冲动的传输。每当你学习一项新技能时，它就会在你的大脑中建立起一条新的神经通路。如果你勤加练习，这条通路就会变成高速公路。神经元共同作用，紧密连接在一起。

原理就是这样。人的大脑可以通过学习而成长，下次失败的时候，这一认知将帮助你坚持下去。通过理解上述大脑可塑性的原理，你更有可能坚持下去。那些选择放弃的人，通常都认为软弱、失败或无能是无法改变的，而拥有坚毅特质的人则知道，这不过是迈向成功的又一小步。他们知道他们的大脑——以及他们的命运——可以成长和改变。

在工作中寻找意义

日语中有个词就有"职业"的意思，他们称之为"生き甲斐"（英文发音为ick-ee-guy），这个词的大意是"生存的理由"。当你表达想要尝试一种能更好地平衡你的天赋（你喜欢的，你擅长做的）和别人的要求（外界需要的和你所能获得的报酬）的生活的时候，就会用到这个词。这个词既有哲学意味，又很实用（参见图4.2）。

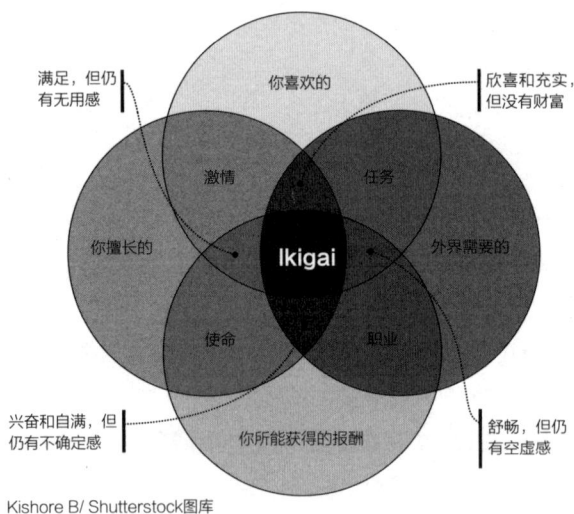

满足，但仍有无用感

欣喜和充实，但没有财富

你喜欢的

激情 任务

你擅长的 Ikigai 外界需要的

使命 职业

你所能获得的报酬

兴奋和自满，但仍有不确定感

舒畅，但仍有空虚感

Kishore B/ Shutterstock图库

图4.2 日本"生存的理由"概念

遗憾的是，世界上很多人生活中的选择范围非常狭窄，他们不得不忍受残酷的现实。即使做着最不体面的工作，他们也会感到高兴，因为这意味着能买得起食物，付得起房租。说了这么多，如果你在看这本书，我会假设你至少有一些改变的可选项。如果是这样，在工作中和其他地方寻找意义基本上只与以下两点相关：

1.意识到你有选择权；
2.做出正确的选择。

我们每天都在做选择，你现在的生活就是你过去所做选择的总和。我们很容易忘记，即使到了晚年，我们仍然可以重新审视自己做出的基本选择。当我们像许多人一样徘徊在"我们擅长做什么"和"我们能从中获得什么"的十字路口，而不去额外思考一下"为什么"的时候，这样的审视显得尤为重要。如图表4.2所示，这种情况虽然能给我们带来薪水，但空虚感也随之而来。

我们可以在匈牙利裔心理学家米哈里·契克森米哈赖的一系列开创性实验中看到"生存的理由"的力量，他决心探索是什么使人们幸福。他跟几百个人面谈，这些人都在从事着所谓有意义的工作，他们是艺术家、运动员、音乐家、国际象棋大师和外科医生。他问他们练习"生存的理由"这项能力时感受如何，他还让数以千计的"普通人"佩戴一种电子呼机。这种呼机一整天随时会发出哔哔声，每当呼机发出哔哔声时，佩戴者就要简单写下他们正在做的事情以及当时的感受。[15]从这两组数据中，契克森米哈赖总结出一种被称为"流动"的最佳状态。不妨回忆一下上一次你全身心投入一项活动中，其他一切似乎都变得无关紧要的情景。这种体验如此令人愉悦，以至于你愿意为它付出巨大的代价。这就是图表4.2所示的"你喜欢的"这一部分内容，这就是你的"流动"状态，运动员称之为"进入状态"。就我而言，阅读、写作和玩飞盘是属于我的三大"流动"活动，你也会有属于你的"流动"清单。无论它是什么，那一刻时间仿佛静止，而你会体验到快乐、创造和全身心投入的感觉。这种时候似乎所有问题都消失不见，一种欢欣雀跃的超越感油然而生。问题是，在生活和工作中，你如何才能经常体验到这种流动感？

👤 人类习惯

精益求精

在笔记本中撕下2页纸，或在电脑里建个文档。在第1页写下"我喜欢做什么"，第2页写下"我擅长做什么"，然后分别列出相关事项。其中包括你在家会做的事情：烹饪、健身、室内装饰、跟家人一起大笑等。当然，其中也包括你在工作中喜欢做的事情。对你而言，这可能是与客户打交道，解决问题，与同事合作，学习新事物，给其他人提供支持和建议。不要局限于你现在从事的工作中所涉及的事情，发挥你的想象力，然后想想你的个性和别人认为你擅长的技能。问问你的好朋友、家人或同事，在他们眼中你有哪些解决问题的技能。你可能会发现，就算没有完全重合，你擅长的事情和你喜欢做的事情之间也有很大交集。实际要做的很简单：把你的生活朝着能让你更频繁做你喜欢和擅长的事情的方向推动，如果你又能因此获得报酬，那就更理想了。积极心理学研究表明，当我们表现出"最佳自我"时，我们的探索系统就会被激活。你可能需要运用一些横向思维，例如，如果你喜欢烹饪，而你现在是一名财务总监，你几乎不可能（除了辞职去餐厅工作）在朝九晚五的工作中开展烹饪活动。但是，你可以从厨房汲取你所喜欢的东西的精华，想想如何将其运用到工作中去：寻找和混合不同的原料，创造出新的东西；如何在最后期限的压力下工作；如何做到乱中有序。试着找出你已经喜欢做的事情，重新设计你的工作，让它们在你的生活中占据更大比重。关键在于，你要尝试如何精进你喜欢/擅长的事情（"流动"活动），或是培养一项业余爱好，它或许能发展成可以为你带来报酬的工作。

你的老板是否正在削弱你的人类优势？

一项针对员工敬业度和满意度而进行的长达50年的调查表明，部门经理的态度对个人发挥真正潜力至关重要。遗憾的是，在许多组织中，管理人员只能在口头上支持那种能够释放员工目的驱动力、好奇心和创造力的组织文化。非人性化组织文化的流行意味着，一些管理人员不自觉地将4C力行为视为生产率的敌人，认为这应该是"在业余时间"做的事情。这么做的结果就是，对于有好奇心、探索力和创造力的人，管理人员暗中往往冷漠以对（或更糟的是感到憎恶），尽管墙上贴的标语可能正好在提倡与之相反的态度。只要你在某一组织中工作过一段时间，就会对此深有体会。老板演讲结束时的问答环节，大家通常都沉默不语。聪明的员工都知道，他们充满好奇心的问题可能会被视为对老板的无礼威胁。

👤 人类实验

选择工作环境

阅读本章可能会让你开始对公司和同事进行反思。如果你的老板很糟糕，下面几个选项可供参考：

选项1　留下来帮助改变企业文化：如果你的老板跟其他许多老板一样，喜欢谈论改变企业文化，利用新技术，"释放你的创造力"，那么这家公司也许值得你留下来，帮助其改变企业文化。你会看到管理层说的话是否是真的，如果他们只是说说而已，那么文化改造就像一部配音很烂的国外电影，画外音与演员的嘴唇动作完全不匹配——管理层只是在夸夸其谈。

选项2　发展副业：即使你的工作环境把你逼成了机器人，你的财务状况却让你不得不继续这份工作。如果是这样，确保你能利用工作中的机会提升你自己的技能，同时不忘寻找工作以外的机会。在年轻一代中，发展副业的人越来越多。[16]这些"斜杠青年"是在保证主业收入的同时，致力于自主项目的创业者。

选项3　转身离开：我并不是在鼓励大家拱手认输。转换工作轨道并非易事。但是，如果所有这些选项都行不通，不妨想想邦妮·韦尔说过的话：你的人生只有一次。想要发展你的人类优势，你需要有人支持。你有必要记住一件事：在一个混乱的世界，组织需要加快创新步伐。这意味着，相对于具有人类优势的人对企业的需求而言，企业现在对具有人类优势的人的需求更迫切。

换个角度讲故事

如果你的选择有限，一个有效方法就是重新规划你的工作，试着带有启发性地问出"为什么"，用全新的视角看待这个问题。你这是在告诉自己你在做什么，更重要的是，你为什么要这么做。当我们想象那些目标驱动型的人时，脑海中常常会浮现出圣洁的护士、顽强的谋杀案侦探、善良的慈善工作者、偏执的发明家和坚定的中学老师等人的形象。但是，并非只有拥有使命感的人才能肩负重任。首先，很多人都有崇高的使命感，他们都在朝着那个方向努力，但在前进的过程中，他们不知不觉失去了动力。深入挖掘你会发现，很多愤世嫉俗的侦探、心怀不满的老师和慈善工作者都在寻找另一份工作。意义是属于个人的，而且往往会在最不可能的地方被挖掘出来。

让我们以坎迪斯·比卢普斯为例来说明这个问题。在密歇根大学综合癌症中心的工作对她而言意义重大。在这家医院工作29年后，她这么描述自己的工作："我的工作基本上是和病人打交道，我基本上是属于病人的。不管家里、所在部门或同事发生了什么事，我每天都努力保持微笑。当他们看到我的时候，必须看到一张笑脸。因为你必须明白，他们住进医院的时候，都身患重病。他们不想到这里之后，发现所有人都愁容满面，彼此之间还钩心斗角。"[17]从这番描述中，你或许会猜测，坎迪斯是医生、癌症病房的护士或医院经理。事实并没有如此美好，坎迪斯其实是"医院环境服务的管理员"，她只是一名清洁工。坎迪斯要更换浴室里的香皂和纸巾，她还要处理癌症病房里发生的人类"泄漏事件"。然而，坎迪斯却在清扫工作中发掘出了"为什么"——她的这些工作对病人生命的意义。

伦敦商学院的丹·凯布尔教授曾出版《激活》一书，主要探讨了神经科学与工作满意度之间的关系，根据凯布尔教授的研究，坎迪斯选择了从不同角度讲述她的工作故事，这么做不仅对她自己有好处，她的同事、病人和整个医院也都从中受益。坎迪斯的故事激活了她的多巴胺传递，最终开启了她的探索系统。借用心理学家的话来说就是，她已经开发出提升自己"解释水平"的能力，换句话说，她选择了强化她的个人意义。[18]

从最低层面来看，只需看看坎迪斯做了什么，她只是在清洁各种肮脏的表面。然而，她更愿意从更高的意义层面来看待它：让癌症患者的生活更快乐、更轻松。这不仅能给她带来满足感，还能改变她在工作中的创造力。举例而言，当看到病人吐了，她会表扬他们确保她有工作可做。她小心避免使用有强烈香气的清洁产品，因为化疗使病人对气味非常敏感。她称自己是一个"爱开玩笑的人"，为了让病人们放松心情，她偶尔会假装让清洁车撞到墙上。她喜欢在她的工作规范中增加额外的内部激励任务。坎迪斯在最平凡的环境中发现了意义，而这让她的生活更美好。[19]

我们都在选择我们所做的事情的意义，但它往往来自一个无意识的决定，这些隐藏的选择造就了天堂和地狱的区别。

在18世纪的英格兰，囚犯会被判做苦役。他们被迫在踏车上"踏步"几个小时，而踏车上连着一个用来抽水的轴。对那些囚犯而言，这种惩罚无疑十分难受，但其所需做出的努力类似于现代运动员所经历的那种繁重的身体条件反射。只要看看那些汗流浃背的上班族是如何花几个小时在健身房的跑步机上锻炼就知道了，这两者之间的区别就在于意义的不同，也就是解释水平的不同。节食减肥可以被简单地看成拒绝美味的食物，但也可以把它看成为了给家人和朋友更多的爱而让自己的生活变得更美好、更健康。慢跑时，心跳加速可以被当作一种喘不过气来的疼痛，但也可以被当作增强心血管系统、释放内啡肽的积极信号。

我们都有能力影响我们如何对待属于自己的"现实"。寻找意义，几乎可以让任何环境变得适合生存。被誉为当代弗洛伊德的犹太精神病学家维克多·弗兰克尔在纳粹试图灭绝犹太人期间失去了所有家人。他被囚禁在奥斯威辛和考弗灵集中营期间，发展了"意义治疗"的理论。[20],[21]他的很多狱友都想自杀，他就用这种人生观来指导他们，他指出，追求意义才是人类的本质。他坚持认为，无论人拥有何种身份地位都可以用"正派"或"下流"来区分。因此，一个表现出善意的纳粹卫兵可以是个正派的人，而一个利用狱友谋取利益的囚犯也可以是下流的人。

弗兰克尔在其畅销回忆录《活出生命的意义》一书中详述了这一思维是如何让他意识到，即使身陷囹圄，他也能自己评价自己的囚禁生活。他写道："在刺激和反应之间有一个空间。在这个空间里，我们可以凭借自己的力量选择如何反应，而我们就在这反应中获得成长和自由。"[22]弗兰克尔意识到，集中营的卫兵比他自己更受囚禁之苦。需要记住的是，你的大脑永远不会直接暴露在阳光下。眼睛内的光感受器将信息传递给大脑，然后大脑创造出你所看到的世界。我们都试图对自己设计的虚构世界做出解释，你也可以用一种能激励你的方式来解释你的世界。

坎迪斯和维克多利用意义的方式得到了心理学新发现的支持。心理学家肖恩·埃科尔在《快乐竞争力》一书中表示："90%的长期幸福不是由外部世界决定的，而是由你的大脑处理世界的方式决定的。如果我们改变它，如果我们改变幸福和成功的准则，我们就能改变我们影响现实的方式。"埃科尔研究发现，只有25%的工作成就是由智商决定的，另外的75%则取决于你的乐观程度、社会支持度以及将压力视为挑战而非威胁的能力。[23]这一观点很有力，但并不新鲜。作家阿娜伊丝·宁曾写道："我们看到的不是事物的本质，而是我们自己的本质。"[24]2000

年前，罗马最富哲思的皇帝马可·奥勒留就着忽明忽暗的烛火在其秘密日记里写下了这样铿锵有力的句子："生活的幸福取决于思想的质量。"[25]

让你的工作变得个人化

亲身体验你的工作对他人的影响，是将你的工作与更高意义联系起来的一个好方法。针对客户服务中心工作人员为学生奖学金筹集资金一事，心理学家、作家亚当·格兰特进行了研究。在测试开始的时候，一半的参与者从他们的组长那里得到了关于其筹款工作重要性的说明。组长表示，即使是数额很小的捐款，也能让获得捐款的学生受益，另一半参与者则真的跟一名获得奖学金的学生见了面。这名学生说明了这笔钱如何改变她的生活，产生了积极的影响。结果这两组人的筹款成绩大不相同。见过对筹款一事心怀感激的学生的那组人筹集到了将近1万美元，而接受管理层常规激励演讲的另一组人的筹款额还不到2500美元。[26]

意义毫无理性和逻辑可言。只有当你直接与你曾经帮助过或可能会帮助的人建立联系时，相应的人类情感才会被激发。你很难通过给你简述情况的经理辗转获得这种情感，你必须直接感知到它。心理学家丹·凯布尔曾表示："简单地告诉别人他们工作的目的，就像向他们介绍你读过的一本好书。即使那本书真的很好，他们可能也不会把它推荐给他们的朋友，除非他们自己读过，并亲身感知到了它的好。"

人类习惯

与你帮助的人建立联系

　　找机会亲身体验你的工作的影响。明智的公司正在帮助员工在他们所做的事情与其如何帮助他人之间建立联系。乍看之下，这一行动甚至不必特别鼓舞人心。我们就以比较单调的银行和保险业为例加以说明吧。荷兰合作银行的领导力培训课程总是以管理人员和农户之间的彼此认识作为开始，这些农户都通过荷兰合作银行的金融服务改善了生活。这样的培训持续了很多年，管理者们总是把这样简短的会面作为能够将他们所做的事情与更高的目标联系起来的最重要时刻之一。[27]

写下意义宣言

　　随着我们的"探索"舞步接近尾声，你可以试着总结一下你的工作意义是什么。这是你的故事，对你而言独一无二，它不需要与其他任何人的世界观一致，它只需要对你有效。正如苏斯博士所言："你必须不同寻常，才能成为第一。"由于这相当具有挑战性，我们把它分解成了两小步。

人类实验

激励你的是什么？

下面的问题旨在帮助你思考你的人生目标，尤其是与你目前职业相关的目标。[28]好好看看它们，并深入思考。你甚至可以和亲朋好友讨论一下，然后对每个问题做一些笔记。

除了要挣工资或职业自豪感，你为什么还要工作？

_____

_____

有什么特别的原因让你从事现在的工作？现在激励你的是什么？

_____

_____

在这个环境中，有什么能激励你？

_____

_____

如果你在思考这些问题的时候充满了积极的想法，那就太好了。如果这一过程中你的大脑还只是一片空白，别担心，你并不孤单——这就是大多数人对工作的看法。关键在于找出你做出改变的选择是什么，这就是我们下一个人类实验的项目。

人类实验

找到工作的意义？

写一份声明初稿，你可以用它来提升你的工作意义。你可以利用下面的表格作为指导。那4个主题可能是你个人声明的组成部分，但不要被它们局限，它们只是开了个头。拿一张白纸，尝试不同的声明版本，直到找到你现在可以接受的工作声明。这个练习的目的并不是让你时时刻刻都能找到意义，而是让你在日常生活中开始思考"为什么"。

关键问题	你的个人品质是什么？	你擅长什么？	你的工作能让什么人受益？	你的工作对这个世界而言有什么意义？
格式	我用我的……	……凭借我的能力……	……做……	……帮助/受益……
例1：生物技术研究员	我用我的激情和决心……	……凭借我的分析思考能力……	……跟我的同事一起研究和实验，研发药物……	……让被罕见病折磨的家庭受益。
例2：人力资源经理	我用我的积极性和幽默感……	……凭借我的共情能力……	……确保合适的人在职业道路上得到支持……	……帮助人们在工作中发现最好的自我。
例3：作家和主题演讲人	我用我的联想思维能力……	……凭借我讲故事的能力……	……进行有影响力的沟通……	帮助人们开发创造潜能、情绪复原力和实际的领导技能，尽最大可能为我们的世界带来积极影响。
* 你可能已经猜到了，这就是我自己的职业理想！				

目的是个古老的人类概念，在人工智能时代与我们的关系更加密切。寻找意义可以让你看到潜在的社会力量的强度，正是这种力量驱使你从事那些浪费你宝贵时间的工作，扮演各种角色，参加各种活动。意识到这种力量的存在，会让你思考你在乎什么人，你在乎的是什么，并做出重要选择。人工智能理论上来说是永生的，但即使它永远存在，也

绝不会真的像我们一样生活。作为生命有限的人类，意义让我们在为时未晚的时候从邦妮·韦尔的智慧中受益——让我们解放自我，过忠实于自己的生活。意义打开了人性之门，将我们与机器区分开来。计算机没有意识，它们从来不会问"为什么"。在下一章，我们将从具有激励性意义转移到觉悟力的另一方面：解决人工智能带来的干扰，这些干扰会削弱人类的优势。

要点回顾

● 人工智能不会问"为什么"，只有人类会问。

● 意义……

　◎ 是激发人类情感的强大动力。

　◎ 使你在工作中获得极大的满足感。

　◎ 释放动机分子多巴胺，鼓励4C力行为——这为强大的良性循环注入更多的意义。

　◎ 在你经历挫折后，传递继续前进的勇气和决心——它还能促进一种被称为"流动"的深度专注状态。

　◎ 是你所能提供的独一无二的东西和世界所能利用的东西的结合。

● 寻找意义的几种方法：

　◎ 改变工作环境，创造欢迎寻找意义的工作环境。

　◎ 亲身体验和欣赏你的工作对他人的影响。

　◎ 从更有意义的角度看待你工作的理由。

　◎ 写下你的"为什么"声明。

人类实验：现在开始……

我的英雄

挑选一个你崇拜的名人，唯一的要求是，这个人必须是你一直想要效仿的榜样。然后迅速上网搜索他们的生活经历，搜寻相关视频、博客和文章，还要查找相关传记和传记片。

你可以在空闲的时候回顾这些材料，而现在你只需要记下（按照之前人类实验中使用的表格形式）你认为他们会写下的对其生活有意义的部分。他们追求的意义与你的目的有联系吗？你能从他们的决定中学到能帮助你更接近自己所追求的意义的东西吗？

问问你自己，我能从这个人身上学到哪些解答我自己的"为什么"的东西。

伟大的创造性人物像艺术家一样思考，却像会计一样工作。

——大卫·布鲁克斯，《纽约时报》专栏作家[1]

第5章　点亮你的激光

如何在容易分心的世界引导你的创造力

超级力量：**觉悟力**

舞步：**专注**

启发性问题：

● 什么分散了我的创造力？

● 我如何才能避开它们？

● 我什么时候、在什么地方能找到时间发挥4C力？

4C价值：用来培养好奇心和创造力的时间和精力

美国前总统德怀特·D.艾森豪威尔肯定明白不必要的分心的危险性。[2]他把日常工作分为两类：紧急/非紧急和重要/非重要。[3]有人问他为什么要这么分类，他答道："重要的事情通常不紧急，紧急的事情通常不重要。"60年后，无论在工作中还是在家里，我们都无法避免分心，分心的严重程度在人类历史上前所未有。现在，上班族花在阅读和回复电子邮件上的平均时间超过了正常上班时间的30%。[4]如果艾森豪威尔发现这些电子邮件中的三分之一既不紧急，也不重要，一定会大吃一惊。[5]

我们智人的大脑在超过20万年的进化过程中得到极大发展。[6]它现在正与人工智能分散我们注意力的新能力苦苦斗争。数十年的研究表明，人类的意志力是一种有限的资源。它就像电池，一开始功效显著，但在长时间抵制干扰后，效能就会下降。这就意味着，思考如何保存和引导创造力十分重要。

在上一章中，我们探讨了意义如何转化为动机。在本章中，我们将探讨学会避免分心为何能帮助你挤出时间，专注于这一动机。我们将探索在这个容易分心的世界里，长时间保持专注力——有意识地集中注意力——为何变得越来越难，同时还将探讨它为什么因此变得更有价值。我还将为你提供实用策略，让你在现代生活的风暴海洋中建立专注力岛屿。你可以在这些避风港里展开4C力实验。

21世纪专注的好处

我们的生活已经遭到人工智能的实体代表智能手机的侵蚀，这意味着，我们的生活不断被手机所携带的应用程序发出的令人分心的数字合唱打断：视觉提醒，各种哔哔声、叮当声和嗡嗡声。现在，智能手表甚至能真实触摸到我们的脉搏。所有东西都在争夺我们的注意力。因此，从最繁忙的街道到最安静的卧室，无数人的脸都被诱人的柔和蓝光照亮，不分昼夜。

这意味着我们走到哪里都会分心。近一半的人表示，他们没有智能手机就无法生活。[7]人们走在繁忙的街道上时，都不惜冒着生命危险一边走，一边看手机。10个人里面就有4个承认，他们在看手机的时候曾经撞上某个东西，这听起来既好笑，又有点悲哀。[8]有的人在餐厅用餐或乘坐公共交通工具时，会一直低着头看手机，与周围的一切隔绝开来，如痴如醉，最糟糕的是，有的人在与亲朋好友围坐一桌时也会这么做。据估计，大约有3/4的人甚至连上厕所都不放下手机。毫无意外，这种情况正诱发各种奇奇怪怪的、让人难受的健康问题，而同时也成为避免触碰其他人的手机的绝佳理由。[9]如果同一时间看到那么多"麻木不仁"的人，很难说清这是"末日前兆"，还是"末日余景"。

任何家长都会告诉你，下一代对手机更加上瘾。最近的2项研究发现，年轻人每天使用智能手机的次数超过80次，[10],[11]这已经成为亟须解决的问题，英国政府正在考虑在学校全面禁止使用智能手机。[12]令人担忧的是，英格兰现在有心理健康问题的儿童和年轻人的数量是上一代的6倍。[13]我们是有限的人类，却试图参与到无限的数字活动中。我们的家庭生活和工作与我们形影不离，随时都在恳求我们"全力承担"。这不仅仅是令人倍感压力的挑战，更是一个从数学角度看不可能完成的任务。这么做除了浪费时间，导致效率低下和压力泛滥，我们的注意力也会被分割得支离破碎。这一切都让创造力成为一个遥远的梦想，而人工智能正使这些干扰持续增加。因此，具有讽刺意味的是，想要与人工智能区分开来，你就得培养一种能力，让你偶尔脱离它在你周围创造的世界。

不妨从个人任务的角度来思考你的工作，然后问一问自己：我能训练一个没有受过专业训练的、智商处于平均水平的大学毕业生来完成这些任务吗？[14]如果答案是"能"，那你所从事的就是适合人工智能自动化操作的粗浅的重复性工作。这类工作包括回复简单的电子邮件或以指定格式转移数据等，基本上随便一个单调的预定义程序就能完成。乔治城大学计算机科学副教授卡尔·纽波特把这种工作形容为"常在分心情况下执行的非认知要求的、逻辑式的任务。这些工作往往不会为世界创造多少新价值，而且很容易复制"[15]。另一方面，他这样形容深度工作任务："需要在不分心的状态下进行的活动，能将你的认知能力提升至极限。"

当你处于深度专注状态时，你正在使用你的认知"激光"：在容易分心的世界里集中注意力的能力。你的注意力光束就像激光一样狭窄而强烈——集中在某个特定问题或工作项目上。

以下情况可供参考：

● 在复杂情况下权衡各种因素，做出明智决定

● 巧妙构思一份报告，影响决策者

● 与同事合作，创造性地回应客户的建议

● 将一个复杂的概念浓缩成一个简洁的短语、图形、品牌或象征

● 解决一个棘手的人际问题（比如办公室纠纷）或组建一支优秀的团队

● 掌握一个技术项目或技能

● 运用直觉和智能进行谈判或施加影响

● 思考他人的需求和动机

在信息化经济时代，必须快速有效地获取新技能和新知识（接下来要探讨的学习舞步主题）。不受干扰的注意力可以让你掌握复杂的问题，做出细致入微的判断，更重要的是，长期集中注意力的价值将得到积累。在电子书、软件、视频内容、图像、洞察力和建议等组成的数字产品世界里，一个人或企业现在能接触到的潜在受众几乎是无限的。如果你的产品被视为高品质产品，所能获得的回报同样无限。只有深度思考才能帮助你的产品获得卓越品质。[16]在一个所有战利品都流向任何领域最优秀的人或企业的世界里，第二名往往一无所获。只有当你孕育出复杂的想法、观点、技能和产品时，其他人才很难进行复制。对没什么经济价值的、可轻易实现自动化的苦力工作来说，这些能力并不是必需

的。由于我们生活在一个容易分心的世界，实现创造性工作所需的专注力越来越稀有，而恰恰在目前这一历史时刻，这种能力正变得越来越有价值。

大脑大劫持

智能手机是史上最成功的消费品。对人类来说，使用智能手机明显利大于弊。它们提高了经济市场的效率，弥补了发展中国家薄弱的基础设施。《经济学人》杂志将其称为"现存最有效的发展工具"[17]。它们对个人发展也极为有利，它们将我们与全世界跟我们有着共同兴趣的人联系在了一起。节省劳力的应用程序为我们节省了购物、去银行办事和预定假期服务的时间，它们是通往有价值的信息的门户：食谱、地图、天气预报等。那么，政策制定者们为什么要竭尽全力应对智能手机带来的威胁呢？为什么我们很多人都有一种被奴役的感觉呢？

这个问题真是让人心烦意乱。如果不加以管理，人工智能的有效干扰会破坏我们的思考能力。节省劳力的应用程序让我们更高效，但当它们与具有欺骗性的个性化社交媒体源和八卦新闻相结合，就意味着我们很难摆脱其潜在影响力。智能手机和社交媒体创造了"注意力经济"，这是个附加在免费互联网平台上的标签，这些平台致力于吸引你的注意力，为广告商创造价值。如果你并没有花钱购买产品，那么就像他们说的那样，你本人可能就是产品。

我们下班回家后，那些侵扰并没有消失。除了"永远在线"的工作邮件，还有脸书、Instagram（照片墙）、YouTube（优兔）等社交媒体和娱乐应用程序在诱惑着你。当我们打开各种电子产品时，算法就开始运用自带的微妙心理学技巧吸引我们的注意力。我们大脑所释放的快乐（是的，多巴胺的阴暗面）信号能让我们上瘾，它还会导致心理学家所谓的"持续部分关注",这使得我们不可能完全集中注意力。

你的智能手机屏幕上到处闪烁着更新和消息图标。[18]这一巧妙的设计需要你的回应,并依赖于"可变奖励",这和赌博上瘾的心理机制是一样的。当你点击一个更新或消息图标,或者向"下"拉屏刷新内容时,那种感觉就像赌徒猛拉一把拉斯维加斯的老虎机操作杆时所获得的愉悦感。你不知道你是否会收到一封有趣的电子邮件,一个失联很久的朋友的"赞",还是一个名人的推特回复(中奖了!)——或者,什么也没有。不知结果是喜还是忧,都会让你想要再试一次。

人工智能系统是为每个人量身定制的。从脸书泄露的一份内部报告概述了他们如何识别出某个少年感到"不安全""没有价值",需要"增强信心"。[19]一项研究表明,你甚至不需要打开手机,只要把它放在你目所能及的桌子、工作台面或沙发上,就能损害你的认知能力。[20]

人们正慢慢意识到这种大规模的注意力掠夺。但略显讽刺的是,敲响警钟的是一群前硅谷企业家和工程师。贾斯汀·罗森斯坦禁止自己使用Snapchat(色拉布,他把它比作海洛因),并限制自己使用脸书。他曾警告说,沉迷于"赞"是很危险的,他形容这种"赞"是"虚假快乐的诱惑"[21]。他的担忧不仅令人惊讶,因为"赞"这个功能就是他自己在2007年开发的,当时他还在脸书工作。罗森斯坦还警告说:"所有人一直在分心。"难怪脸书创始人之一、亿万富翁肖恩·帕克公开批评该公司,指责其利用"人类心理弱点",故意创造出一种让人上瘾的产品。[22]

谷歌前战略家詹姆斯·威廉姆斯将社交媒体形容为"人类历史上规模最大、最标准化、最集中的注意力控制形式"。[23]威廉姆斯去年离开了谷歌,他离职的原因是他发现自己被困在一堆科技之中,这分散了他对真正值得关注的问题的注意力。他盯着自己的智能手机的时候忍不住想：“科技不是应该起到完全相反的作用吗？”他现在正在牛津大学攻读说服性数字设计伦理学博士学位。

谷歌让我们变蠢了？

持续的分心对你的大脑有什么影响？英国人平均每周的上网时间超过24小时，是10年前的2倍。[24]人工智能产品的进化真的在损害人类的智能吗？它显然会阻碍我们长时间集中注意力的能力。从第一波移动互联网浪潮到20世纪和21世纪之交这段时间，研究人员针对2000人的大脑活动进行了相关研究。他们发现，这些人的平均注意力时长从12秒下降到只有8秒。[25]科技作家尼古拉斯·卡尔从自身角度描述了这种影响：“网络似乎正在削弱我集中注意力和沉思的能力。”他发现，网络世界的存在使得人们更加难以理解那些难懂的文本和复杂的思想。“曾经，我是个戴着呼吸器的潜水员，遨游在文字的海洋中，现在我就像是骑着水上摩托艇在水面上飞驰。”[26]他后来总结道：“在过去几年里，我一直有种不舒服的感觉，觉得有什么人或什么东西一直在我的大脑里修修补补，重塑我的神经回路，重新编程我的记忆。”[27]另一名科技作家凯文·德拉姆补充说明道：“互联网让聪明的人更聪明，让笨的人更笨。”[28]德拉姆指出，选择上网的人很多都是在制造浪费时间的悲剧。这可能是人类发明的最强大的好奇心工具，但很多人只是把它用于娱乐、政治宣传或没完没了的可爱猫咪视频。工具的有效性取决于使用它的人。

人类习惯

这个应用程序是我的朋友吗？

让你的时间更有效的一个方法就是问自己一个简单的问题：
"使用这个应用程序对我有什么好处？"现在就对自己提问。写
下你正在使用的应用程序——脸书、Instagram、Snapchat、
Vine、领英、谷歌+，然后针对每个应用程序问一遍这个问题。
同时想象一下，如果30天内不使用这个应用程序，生活会变成什
么样。你可以尝试一周或一个月不使用它，这很容易做到。我试
过一周不用脸书。我直接在智能手机上删除了它，并且关掉了笔
记本电脑上出现的所有消息推送。实验的一周结束后，你可以列
出你在这周做过的事情，你的感受以及是否值得再把时间花在这
个应用程序上。或者，你可以利用节省下来的额外时间学习一项
新技能或开启一个创造性项目。

匆忙症

世界似乎比以往任何时候都更加分裂，但有一个说法似乎获得了大
多数人的认同：我们都非常非常忙。在快节奏的现代生活中，巨大的社
会压力逼迫我们不停地去看、去感觉，我们的时间被大量占用。在整个
工业化世界，人们都在对研究人员说，他们的工作负担过重，常常因
此牺牲与家人和朋友在一起的时间。[29]你会认为，我们比父母辈和祖父
母辈要忙得多。但是，事实证明，这不是真的。过去几十年里，无论是
否是有偿工作，欧洲人和北美人的工作总时长都没有增加。事实上，

与20世纪60年代、70年代和80年代相比,我们现在的工作时长还要短一些。[30]

现实与我们如何看待现实之间之所以会存在分歧,是因为我们与工作的关系的紧张程度不同,尤其与工作给我们带来了多大压力密切相关。我们正在经历一场全球性的职场焦虑,一项针对近300项相关研究的分析发现,"在有害的工作场所工作"与吸二手烟一样,都会导致疾病和早逝。[31]造成这种现象的主要原因是工作时间过长,工作与家庭冲突,失业带来的经济不安全感,工作时间不规律、不可预测,以及对时间缺乏控制力。[32],[33]以知识共享的名义砸掉办公室的墙和扁平化职场等级制度并没有起到什么作用。具有讽刺意味的是,开放式办公室的设计初衷是为了鼓励更多创造性合作。然而,研究表明,它们带来了意想不到的后果:它们破坏了你集中注意力的能力。一项针对300栋办公大楼里4万多名员工进行的研究得出了明确结论:"(开放式办公室所带来的)增加噪音与减少隐私的坏处明显大于增加'互动便利度'所带来的好处。"[34]《彭博商业周刊》将这一长达数十年的实验称为"开放式办公室的暴政"[35]。

数字协作工具和视频会议正在加速改变我们的经济逻辑,使得越来越多的人在家办公或由全职变为兼职。然而,这并不能让我们摆脱分心的干扰。虽然80%的人相信自己在家办公的效率更高,但现实却令人沮丧,他们在家办公时,一天之中用来处理电子邮件的时间从30%飙升到了60%。[36],[37]

通信工具永远在线意味着老板、同事和客户在我们工作的每一分钟里都在跟踪我们,然后全方位渗透我们的家庭生活中。令人分心的电子产品形式多样:电子邮件、短信、WhatsApp(瓦次普)、微信、语音电话和多宝箱、谷歌云储存、WeTransfer(微传)等文档共享工具发出的提醒消息等。《忙碌:如何在物欲横流的世界成长》的作者托尼·克拉布就指出，我们现在生活在一个"无限的世界……总有更多邮件，更多会议，更多要阅读的东西，更多要跟进的想法"[38]。

有意思的是，这些用来提高效率的工具改变了我们对时间本身的心理理解。因为我们效率更高，可以完成更多事情，我们一天中的每分每秒都变得更有价值。遗憾的是，我们从未从这种高效中获益。我们完成需要做的工作后不是想着休息一下，而是在压力的驱动下完成更多工作。我们比以往任何时候都更容易投入到更多工作中，工作不再像以前那样有时间限制。在18世纪，庄稼还没有成熟就不能收割；在19世纪和20世纪，有多少原材料，你就只能制造出多少东西；而现在，你可以在白天或晚上的任何时间回复邮件。旅行不是用来放松的，周末散步也不可能完全不受干扰。数字移动技术让你在家里、健身房或度假时总是努力做更多事情。

你是否曾在电梯里为了节省几秒钟而反复按下关门键？如果是这样，你可能患上了心理学家所说的"匆忙症"。其他症状还包括在结账的队伍中或车流中感到沮丧，哪怕前面的人或车正在缓慢移动；在等待微波炉加热午餐的90秒时间里，你会有一种想找点别的事情做的冲动。我的同事、伦敦商学院教授理查德·乔利过去10年针对管理人员所做的研究发现，95%的研究对象都被这种病症所折磨，我也看到了同样的趋势。[39]在过去几年里，参加领导力培训项目的管理人员在培训期间常常受到大量日常工作邮件的干扰，以至于我们不得不要求参加培训的人员签署自愿协议，承诺在每次培训前关掉手机。大多数参加培训的人都默默地感谢我们这一举动。

拿回时间

一位著名的心理学教授急于揭开一些人极具创造力的秘密，他开始尽可能多地采访不同领域的相关人士。[40]他给275位知名创造者写信，询问他们与众不同的第一个线索是什么，几乎没有人回复他。在他得到的少数回复中，有一个人的回复比他的问题更加简单直接。管理学作家彼得·德鲁克回复道："高效的秘诀之一……是有一个很大的废纸篓来处理包括你的邀请在内的所有邀请——就我的经验而言，高效不包括做任何有助于别人工作的事情，而是要把你的全部时间花在上帝安排给你本人的工作上，并且要把它做好。"[41]作曲家捷尔吉·利盖蒂的秘书回信道："他很有创造力，也因此劳累过度。所以，你想研究他为何如此具有创造力的原因，正是他（很不幸）没有时间来帮助你的原因。"摄影师理查德·阿维顿只是匆匆回了一张便条："对不起，我能回复的时间太少。"这位心理学家联系到的人中有1/3只是简单回了个"不行"。另有1/3的人可能忙得连回复的时间都没有，事实上也根本没回复。好奇心和创造力对一个人消耗很大，它主要会消耗时间。成功的人会变得有强迫症，他们把节约时间放在第一位。

随着越来越多的人需要变得有创造力，这种小心翼翼守护时间的习惯会传播开来。最高效的人会在相关基础项目中利用技术来提高生产率，这样才能让他们腾出更多时间来做更能激发其好奇心和创造力的工作。我很认同比尔·盖茨的说法："忙碌不代表成功。"许多人都会犯的一个错误是，误将有条理与缺乏自发性或创造力画上等号。事实正好相反。你越有条理，就越有时间来进行4C力实践。正如心理学家米哈里·契克森米哈赖所言："从单调乏味的工作中节省1个小时，就能增加1个小时的创造力。"[42]是时候拿回对时间的控制权了。

人类习惯

只要说不

你出于礼貌而无法拒绝的不重要的工作有哪些？哪些工作
是无关紧要的？如果你不学会微笑着说一个简单的词"不（谢
谢）"，你就永远没法去做你想做的事情。

奋起反抗电子邮件的专制

上班族平均每天会收到121封电子邮件。[43]现在电子邮件无处不
在，以至于很难重新审视我们与它之间的关系。约翰·弗里曼在《电
子邮件的专制》一书中发出警告，人们与电子邮件的关系如此亲密，
让人很难提出质疑："我们正在逐渐削弱自己解释下面这个问题的能
力——以一种谨慎而复杂的方式——为什么抱怨、抗拒或重新设计我们
的工作日，使其具有可控性，像是犯了弥天大错？"[44]想象一下，如果
威廉·莎士比亚、玛丽·居里或尼古拉·特斯拉每天早上一起床就开
始清理一大堆电子邮件，或者再想象一下，每次他们的智能手机响起
Instagram的通知铃声时，他们的注意力就被分散了。如果他们的生活
是这副模样，我们能欣赏到《哈姆雷特》吗？能用上交流电吗？还能从
居里夫人对放射性的开创性研究中获益吗？我们可以想象持续的干扰可
能会对这些过去伟大的创造性人物产生怎样的负面影响。在一个时刻保
持沟通的时代，我们如何才能变得更高效的答案，并不在于我们要保持
更加紧密的联系。我们在宝贵的时间中塞进更多活动，不一定能创造出
宝贵的财富。当然，我们必须利用数字技术进行探索、合作和更有效地

工作，但我们也需要偶尔关掉一些应用程序，保护我们内在的创造力火花。因为我们可以随时随地登录应用程序，并不代表我们应该这么做。

人类习惯

驯服科技

下面这7个简单方法可以让你夺回收件箱的控制权：

批量处理邮件：每天任意选择3个时间段查看邮件，其余时间关掉新邮件通知，退出电子邮件平台。电脑屏幕角落里弹出的提醒你"丹正在筹款"的小框（这次是为了攀登乞力马扎罗山筹款），看起来似乎无害，但是，频繁从一项任务切换到另一项任务也会让我们分心。

尽快采取行动：如果你确实要查看邮件，那就尽量在第一次打开邮箱时查看大约80%的邮件。[45]

拒绝做抄送邮件的奴隶：你在被动情况下卷入了多少电子邮件往来？如果发件人之前未接受正确的电子邮件发件流程指导，那么在电子邮件中抄送某人可能只是一种无恶意的寻求"协作"行为。[46]不过，这通常是办公室政客们的惯用伎俩，目的是确保合理的推诿，以便事情出错时有人分担责任。想要获得更多时间，就要学会把自己从抄送邮件中解放出来。你可以礼貌地询问发件人是否可以不把你作为抄送对象。当你确实想参与某件事时，要向发件人提供明确的抄送标准。设置一个接收抄送邮件的文件夹，这样你的收件箱就只会出现直接发给你的邮件。

取消订阅：大多数收件箱出现的都是你无意中注册的订阅服务发来的电子邮件。[47]花上1个小时的时间，把自己从这个暗网中解救出来。如果再次需要这些服务，只需要点击一下鼠标就能找到它们，这也能帮助你免受垃圾邮件发送者和身份窃贼的攻击。

选择性回复邮件：顶尖的板球运动员只会击打"可控"的球，放过难打的球。最好的击球手都在寻找可能获得重击奖励的机会。《深度工作》的作者卡尔·纽波特也曾以类似的方式建议，我们应该考虑清楚哪些邮件应该回复，哪些邮件应该直接忽略。

纽波特是电子邮件宗教激进主义者，他的生活信条是："变得难以接近。"他曾抱怨道："有的人认为，无论发邮件有何目的或发件人是谁，邮件都应该无差别地进入同一个收件箱，并期望每封邮件都应该得到（及时）回复，这种想法既荒谬又毫无价值。"[48]他建议你创建一套明确的标准，说明你想要处理哪类电子邮件，对于其他邮件就直接忽略。我试过这种方法，它的确有效。但是，请记住，纽波特既是畅销书作家，也是生活在学术象牙塔里的人，你最好根据自己的情况来调整这一策略（销售人员和需要随叫随到的外科医生当然不能用同一策略）。然而，我们中的绝大多数人只要把自己变得稍微难以接近一点，就会从中获益良多。至少，可以试试过几小时，甚至几天再回复邮件，看看会有什么不同。

高效回复邮件：当你选择回复邮件时，多花点时间，这样才能为以后节省出时间。回复要简洁明了，把回复邮件的篇幅限制在3个段落以内，尽量列明要点。你的邮件写得越清楚，就越有可能减少乒乓球邮件：费时且没什么价值的邮件往来。

这一方法能最大限度地减少你收到邮件的数量，也能减少它们给你制造的精神错乱。需要特别强调的一点是，你要明确你对自己以及对其他各方的期望，这会让你在邮件大量涌入、几近失控时，拥有不回复邮件的自由。在对方发来的第一封邮件上多花两三分钟，会为你以后节省几个小时的时间。

打电话： 如果你认为一封电子邮件能引来两三轮回复，那就打电话吧。当你收到棘手的邮件时，直接打电话给当事人或安排电话、视频会议或是约对方喝杯咖啡聊一聊，以避免事态复杂化。我知道这听起来很简单，却又让人头疼，但我们显然过于习惯邮件往来，忘记了人类在直接对话过程中更能表达不同情绪，传达细微差别，传递复杂信息。

治疗"会议癖"

谁是你生活中的时间吸血鬼？作为一个有创造力的人，你希望生活中有不期而遇的趣事。但是，你需要清楚区分创造性对话和那些占用你宝贵时间的、无聊的、议程不明的会议电话和会议。你要尽力避免后者，为前者腾出时间。

人类习惯

如何减少会议

下面这些方法或许有效：

● **"没有议程，就不参会"：** 不要害怕询问会议是否真的有必要，或者你是否特别需要参加。如果答案不是特别确定，可以简单地用电话沟通代替会议，或者礼貌地取消会议安排。

> ● **做好准备：** 为一对一的电话交流、电话会议和普通会议做
> 好充分的准备。时刻清楚你要在会议中做些什么，以及你希望达
> 到什么目的。
>
> ● **确定时间段：** 大多数电子日历默认设置30分钟的会议时间
> 段，有的甚至可以设置成60分钟。不用受制于此，只需要按照你
> 心目中的会议需要设置时间。在短短15分钟内你就能做出重大决
> 定。这一方法能让你每年节省出几天的时间，而你可以更明智地
> 利用这些时间。

多任务处理就是神话

在数字技术的帮助下，相信我们可以同时做两件或更多事情已经成为一种时尚。这纯粹是无稽之谈。由于你会在任务切换上浪费大量时间，同时处理多个任务反而会阻碍提高效率。[49]在尝试创造性工作时，这么做尤其有害。名为"中断科学"的新领域的发展说明了这一问题的严重性。研究人员发现，想要从中断的流程中恢复，平均需要25分钟时间。然而，我们的现代生活平均每11分钟就会被中断一次，这意味着我们永远无法赶上浅显任务的进度，更不用说挤出时间做有创造力的事情了。[50]斯坦福大学传播学教授克利福德·纳斯认为，在线注意力转换对大脑有持久性负面影响。在一次采访中，他这样描述了这种影响："分别观察总是一心多用的人和很少一心多用的人，会发现两者差异十分明显。总是一心多用的人无法过滤掉无关信息，他们无法管理工作记忆，他们会习惯性分心，他们大脑中比较大的一部分被激活的区域与他们手头上正在做的工作无关……他们的脑力基本上是残缺不全的。"[51]

受保护空间=受保护时间

> 如果你有一个花园和一座图书馆，你就拥有了你所需要的一切。
>
> 西塞罗，古罗马政治家和雄辩家

米歇尔·德·蒙田是文艺复兴时期的贵族，他后来成了作家和哲学家。他刚迈入中年的时候，遭遇了一场意外事故，差点丧命，因此，他决定致力于研究人生最重要的问题：如何生活。在16世纪那个相当于"人类洞穴"的地方，他创作了许多令人愉悦的随笔散文：那是一间藏在一座塔楼顶层的书房，这座塔位于他在法国西南部波尔多附近的庄园里，里面的木制螺旋楼梯通向书房。书房的墙上摆满了各种书籍、有年头的小玩意和传家宝，令人叹为观止。他曾写道："在我看来，如果一个人在自己家里没有可以独处的地方，没有可以随意向自己吐露心声的地方，没有可以隐藏的地方，那真是太可怜了！"[52]

蒙田并不是唯一一个致力于寻找让自己可以专注于某事的空间的人。1922年，精神病医生卡尔·荣格在瑞士苏黎世湖畔买下一栋简单的双层联排别墅，然后幽居那里，专注思考。[53]他的这一灵感来自一趟印度之旅，他在那里看到一个个房间变成了冥想的天堂。[54]后来，他的劲敌弗洛伊德逃离被纳粹占领的奥地利，抵达伦敦。他在那里建造的避难所现在已经成了博物馆。[55]弗洛伊德在伦敦北部的汉普斯特德的一座红砖房子里为自己改造了一间大卧室，俨然是一座宝库，里面堆满了"书籍、报刊、小雕像、图片、花瓶、护身符和各地民俗物品，旨在激发想象力和智力"[56]。

人类习惯

争取你的空间

不是所有人都像蒙田先生那么幸运，有足够的资源来改造祖宅里的塔楼。但是，我们都应该有这样的态度：对于我们自己的潜力，怀抱基本的尊重，甚至是敬畏。如果你家有这样的空间，那就太好了，把它据为己有吧！如果没有这样的空间，那就试着在当地咖啡馆找到一张桌子，同时还得买一副降噪耳机。为深入思考和创造性工作划出一块受保护的空间，相当于对你自己发出强有力的宣言。只要这么做对你而言有效，空间的具体形式并不重要。你所创造的并不是一个物理空间，而是你一天中受保护的时间。

重新设计你的一天

我们现在生活的这个世界，人们都期望交流对象的回应时间像一级方程式赛车那么快，而且通常情况下，对方并不需要如此迅速地回应。如果你能从这样日复一日的一心多用状态中抽出一点时间专注做某事，将会获益良多。就我个人而言，我最擅长在早上进行创造性思考，所以我把类似创作"本章内容"这种需要创造性能量的活动都安排在早上。随着时间的推移，我的注意力逐渐分散。于是我开始进行咨询工作，这项工作对创造性的要求没那么高，但也很棘手。我会在接近中午和午后的时间处理需要用心回复的商务信函，进行领导力开发项目的设计，写报告等。到了下午晚些时候和傍晚，我的创造力已经完全弃我而去，这时我会开始做一些单调但必要的管理工作、发送例行邮件、确认日程安排、预订机票和酒店，做第二天的计划。

你的工作节奏可能完全不同。但是，当你安排深度工作时，在每一个"分工组块"里有意识地"冲刺"真的很有帮助，它能在以下两方面发挥作用：短时间内提高效率，以及让你有更多时间停下来锻炼、吃零食和编织白日梦。这些能确保你恢复状态和热情，开始下一个需要"冲刺"的"分工组块"。经过数十年的研究，米哈里·契克森米哈赖发现，"重要的是能量在他们的控制之中"，而且"……它不受日程、时间和外部计划干扰"。[57]在工作中，我们常常会说："我正在忙。"如果你是为谋生而工作，这种情况不可避免。但是，你也可以好好设计一天的工作，做到既能取悦老板，又能完成繁重的工作，还能留出时间和精力专注进行创造性工作。

🧍 人类习惯

掌控时间

拿一张白纸，把你的一天分成三四个"冲刺"时间段，每个时间段时长为两三小时。首先要问一问，我什么时候最有创造力？清晨？下午？晚上？深夜？通过不断试错来建立你的个人时间表，找到适合你的方法。你可以为每个"冲刺"时间段详细列一份"待办事项"清单，这样可以让你更加专注。这么做并不是想让你变成机器人，如果你要为紧急任务调整时间，随时调整就好。你要为自己制订好规则，这样你才能清楚知道自己什么时候违规了。与无计划地在处理邮件、打电话、专注手头工作之间来回切换相比，有意识地安排时间会让你更高效地工作。正如卡尔·纽波特所言："不要在分心的时候休息。相反，专注的时候才需要休息。"[58]

以这样的方式工作可以保护你的创造力时间，即使在最忙碌的生活中，你也可以做到这一点。在写这本书的同时，我仍然要兼顾伦敦商学院的监督领导力发展课程，并在世界各地发表主题演讲。挤出时间去研究和写作的唯一方法就是毫不心软地安排好时间表，然后严格遵守。我每天早上6点起床，写作到大约10点，然后才开始正常办公日程。研究表明，无论多么努力，都很难做到连续三四个小时以上保持"流动"创造性思维。如果你不习惯早起，那就利用午餐时间或牺牲90分钟晚上看电视的时间。如果每周能为自己"找到"另一个工作日（一周7天每天挤出1小时），你能做成些什么事呢？

训练你的大脑

20世纪70年代末，如果你不经意地对某人说，你要离开办公室，到街上去跑步，你的同事至少会认为你很古怪。随着我们越来越重视身体健康，慢跑这一运动形式已经被完全接受了。现在大多数人都以某种形式定期锻炼身体，有的人甚至会去跑马拉松，而现在的人们对大脑训练的态度也正在发生类似转变。在我写作本书的时候，诺瓦克·德约科维奇是世界上最优秀的网球运动员。最近，他揭秘了自己的秘密武器，它并不是令人印象深刻的强大体能、技术惊人的接发球。这个秘密武器是他在关键球上的专注能力。在美国网球公开赛上，这个男人可是在落后罗杰·费德勒一个赛点的情况下翻盘获胜，而且是连续两次在这种情况下逆转夺冠。[59]他是怎么做到如此频繁地逆袭成功？答案很简单：他不允许自己走神。

　　德约科维奇的方法十分高明。走神似乎是人类大脑的默认操作模式。哈佛大学的科研心理学家团队通过研究揭示了我们一天中有多少时间是在走神。在苹果手机网络应用程序的帮助下（我知道这很讽刺），他们收集了25万个数据点，这些数据点与其研究对象在日常生活中的想法、感受和行为密切相关。他们惊讶地发现，大多数人一天中有47%的时间都在想与他们正在做的事情无关的事，更重要的是，这样的走神通常会让人不开心。[60]这些研究对象在休息、工作或使用家用电脑时最不开心，而他们最开心的时候是在锻炼、聊天或做爱（尽管研究人员的苹果应用程序的介入可能会"扫性"）。

　　想要控制自然任性的思维，一个行之有效的方法是正念练习：有意识地关注你的经历，任其发生，不加评判。一天中的任何时候都可以进行正念练习。这在认知上相当于锻炼身体，我称之为"观察者"——一种"思考何为思考"的能力。这个技能可以让你有意识地为一天中不同的时刻选择最有效的注意力状态。为了进行正念练习——相当于现代版慢跑，你可以通过冥想练习来训练你的大脑。这包括将你的注意力集中在呼吸或身体的感觉上，然后每次在你走神的时候，慢慢地将你的注意力拉回到那个焦点上。有证据表明，定期冥想可以提高你在压力下思考和集中注意力的能力。[61]这样做能训练你的大脑，并适时地改变其物理结构。

　　正念是建立在古代佛教僧侣修行实践基础之上的，但这是很久以前的情况。现在，在牛津大学、国际会计师事务所普华永道和谷歌等看似不相关的地方，正念已经成为一种坚定的世俗实践，甚至连彪悍的美国海军陆战队也通过正念练习取得了显著成绩。在8周的时间里，士兵们每天要进行15分钟的冥想，最后他们处理焦虑情绪和压力的能力显著提高。他们能在激烈的战斗中保持冷静和专注。毫无疑问，正是这些成果，让诺瓦克·德约科维奇相信，正念有利于他保持世界第一。他的秘密武器就是每天坐下来冥想15分钟，这也是他训练计划的一部分。

20世纪初，多米尼加修士、道德哲学教授安东尼-达尔梅斯·塞汀朗吉思扬热就预见了我们现在所面临的创新障碍。他为那些致力于激发新想法的人写了一本有助于"思想发展和深化"的指南。他当时写的东西现在仍然适用："让你的思维成为透镜，汇聚专注之光；让你的灵魂全神贯注于主导思维之物上，尽情吸收思想。"[62]在21世纪，更难遵循他的建议，但一旦遵循其建议，结果会更有价值，这将帮助你成为少数几个能"汇聚专注之光"的人。我们已经练习了意识中的两个舞步探索和专注，接下来要关注的是第二个C：好奇心。

要点回顾

● 我们在公司和家里的注意力正被大量分散。

● 这会导致浪费时间、效率低下、压力剧增，甚至成瘾，结果是我们的注意力被分散了，而又大大减少了充满好奇的学习和创造性思维。

● 随着能够集中注意力的人越来越少，供求关系决定了集中注意力将成为一种越来越有价值的能力——它还会激发人类的超级能力，而这正是我们有别于人工智能的地方。

● 下面是几个能让你集中注意力的建议：

◎ 对"随时待机"工作和家庭生活中的分心情况更加警觉和警惕。

◎ 反抗电子邮件的专制。

◎ 把一天分成多个创造性和非创造性的冲刺时间段。

◎ 为你的人类创造性活动留出空间和时间。

◎ 利用冥想来训练你的大脑。

人类实验：现在开始⋯⋯

正念冥想

我大约从12年前开始冥想，我可以证明冥想有改变的力量。后来我的妻子甚至仅凭我的情绪和身体语言，就能判断我是否进行了冥想。如果你遵循简单的规律练习指导，不去评判你的思想，专注于当下，效果就会极为显著。许多在线应用程序都可以指导你完成这一冥想过程。为什么不效仿一下德约科维奇呢？

好奇心

你知道的东西和你不知道的东西之间的鸿沟

是你需要挠一挠的痒

21世纪的文盲将不再是那些不会读写的人，而是那些不懂学习、不学习和不会重新学习的人。

——阿尔文·托夫勒，未来学家

没有好奇心是最奇怪、最愚蠢的失败。

——斯蒂芬·弗莱，喜剧演员和作家[1]

第6章　不好奇害死猫

你为什么需要激发好奇心，让自己的学习速度超过世界变化的速度？

超级力量：**好奇心**

舞步：**学习**

启发性问题：

● 你上一次在好奇心的驱使下行动是什么时候？

● 它导致了什么样的结果？[2]

● 现在你学到了什么？

4C价值：创造性燃料

让我们回到比尔·盖茨还是微软董事长的时候，他当时想了一个方法，使其能在忙碌的生活中优先保障学习。每年，他会分两次抽出1周的时间作为"思考周"，在这期间，他会离开办公室，在一个僻静的小屋里专心阅读和思考。在两次为期7天的独处时间里，他都会思考科技的未来。在此期间，他还拒绝会见所有外来访客，包括他的家人和微软的员工，唯一能直接跟他交流的是一名物业管理员，后者每天负责给他送两顿简单的饭菜。这两周并不是假期，而是为满足纯粹的好奇心而特别安排的时间。盖茨从早到晚都会阅读微软员工的白皮书，提炼其最佳想法。他会连续18个小时阅读成堆的报告，同时还会写回复意见。他曾经创下7天内阅读112份厚厚的文件的记录。

正是在这些短暂避世隐居的日子里，他做出了一些重要选择。在1995年的一个"思考周"里，他暂停阅读，奋笔疾书写出了一份题为《互联网浪潮》的备忘录，这份备忘录催生了微软最早的在线浏览器。他在"思考周"期间做出的其他一些改进决策包括推出第一台微软平板电脑，开发安全性更高的软件，以及进军视频游戏市场等。[3]在"思考周"里，盖茨总是能想出一些让微软在未来几十年里取得成功的真知灼见。[4]

你如何才能轻松抓住改变生活的想法的源头？让我们从这个问题开始吧。你有没有想过为什么你在学校表现好（或不好）？伦敦大学金史密斯学院心理学讲师索菲·冯·斯顿姆也曾提出相同的问题。她从涉及5万名学生的200项研究中收集了影响学习成绩因素的数据。她得出的结论简单明了。你的智力当然是很重要的影响因素，这一点毫不令人意外。其次是你的努力程度。那些写出"天才放弃努力时，努力就能打败天才"口号的认真的体育老师说的似乎的确有点道理。然而，如果你只将你在学校的成就（或失败）与你的智力或努力学习的能力联系在一起，那就大错特错了。你忽略了另一个不太受关注的影响因素，那就是你"寻找、参与、享受和追求需要努力认知的活动的机会"的意愿。[5]研究人员将其称为你的"认知需求"，也就是我们平常所说的"好奇心"。

在接下来的两章中，我们将让你对自己超强的好奇心感到好奇。我们将探索好奇心如何发挥作用，如何与4C力融为一体，以及你每天可以做些什么让好奇心更旺盛。我们先来看看好奇心是如何通过收集原料来激发创造力，从而增强你跟上快速变化的世界的能力。

什么害死了猫?

你和我都跟一个20万年前生活在东非的单身女人有血缘关系。[6]大约7万年前,我们共同的地球母亲的后裔凝视着红海,问道:"我想知道红海的另一边是什么?"那些早期拓荒者对此也十分好奇,他们决定一探究竟。接下来发生的就可以称之为人类历史了。流浪的智人部落在每一块大陆繁衍生息,一路同化或灭绝了其他类人物种,结果导致你天生就有好奇的天性。毕竟,我们共同的祖先就有探索的冲动。

从那时起,好奇心就背负着一个危险的名声。在一个关于人类好奇天性阴暗面的警世故事中,希腊神话中的众神之王宙斯给了生活在人间的潘多拉一个盒子,并警告她永远不要打开。当然,她没能抵挡住好奇心的诱惑。当她揭开盒盖的一刹那,疾病、烦恼、犯罪、仇恨和嫉妒等世界上罪恶的东西迫不及待地飞了出来。[7]唉,俗话说:好奇害死猫。历史上有钱有势的人往往会抑制下层民众的好奇心。例如,在中世纪的欧洲,如果你对教会法令过于深究,就有可能被烧死在火刑柱上。不合时宜的问题会导致不合时宜的答案,而这偶尔会导致不受欢迎的革命(或是当时所说的改革)。

而在人工智能时代,做一个有好奇心的人不再是什么危险的事,而是形势所需。创新基金会纳斯塔的一组研究人员针对未来10年人类所需技能进行了分析。[8]他们建议我们把精力放在"人类独有的技能"上,包括原创性、流动思维、终身学习和再培训等。所有这些都离不开好奇心的支持。与此同时,人口统计趋势显示,我们会比父母和祖父母辈更长寿。对年轻一代而言,由此造成的差别将十分明显。今天,大多数出生在富裕国家的孩子的预期寿命可超过100岁,这意味着他们的工作寿命约为60年。谁会真的指望有人在同一行业工作60年,更别说一直做同一份工作了。人们通常认为再创造对公司产品、服务和商业模式塑造至关重要，21世纪的成功人士同样需要不断开拓兴趣、能力和职业重心。

阿尔伯特·爱因斯坦在学校是出了名的穷学生，但他很清楚是什么让他在后来的生活中迸发出惊人的洞察力。他声称自己没有什么特殊天赋，除了好奇心特别旺盛。我在伦敦商学院的同事琳达·格拉顿教授正负责一个全球领先的人力资源研究项目。[9]她主要研究工作的未来，其中就包括人工智能所扮演的角色。她总结道："有趣的是，条条大路都指向了终身学习，这就是我要对大家说的。我认为这一点至关重要。"[10]

神经科学揭示了好奇心和学习能力之间的驱动因素。[11]当你对所学的东西感兴趣时，才更有可能记住它。这一点并不令人意外。然而，研究表明，哪怕你认为所学的东西没意思或不重要，好奇心还是会帮助你学习。[12]换言之，一旦你的好奇心被激发，就会帮助你更有效地学习任何东西。没有好奇心，就不可能有创造力，这使得好奇心成为你与人工智能和人类竞争对手区别开来的关键一环——尤其是在你需要比以往任何时候都更迅速地重塑你的工作身份和技能的时候。提升你自己的能力现在已成为不可或缺的环节。当今世界，害死猫的不是好奇心，而是没有好奇心。

需要挠一挠的痒

想要确定好奇心，有点困难。学术界似乎无法就单一定义达成一致意见。我们所知道的是，好奇心结合了思考和感觉，这也是为什么它被称为"知识情感"，这是人类特有的品质。研究表明，渴望了解某事物的情感冲动几乎和饥饿、口渴、性等其他人类强大的激励因素一样强烈。[13]好奇心驱使我们追求心灵的养料。正如我们所见，社交媒体应用程序的设计者们并没有忽视这个事实，视频游戏开发者也利用好奇心来吸引玩家不断"升级"。成功闯关后，玩家将能解锁谜题，并获得新的工具和先进武器作为奖励。

但这样无情引诱好奇玩家不断探索也会产生一些不幸的副作用。2012年，美国少年泰勒·里格斯比在长时间玩游戏《使命召唤：现代战争3》之后，被紧急送进了医院。[14]泰勒的妈妈说他在连续玩了至少四天游戏后就昏倒了。医生诊断泰勒严重脱水。就在泰勒事件发生一年前，一名中国男子在连续玩了三天的网络游戏后不幸身亡，他在这三天里不眠不休，几乎没吃任何东西。[15]好奇心就像身上某处瘙痒，必须得去挠一挠。一旦好奇心被释放，偶尔会压倒我们的自我保护意识。

20世纪90年代，著名研究学者乔治·列文斯坦发明了关于好奇心的"信息鸿沟"理论。[16]他认为，每当我们察觉到"我们所知的和所想的"之间存在分歧时，这一诱人的鸿沟就会引发情感上的波动，它让我们感到好像被夺走了什么东西。[17]这形象地描述了你最喜欢的剧集一集结束时那种欲罢不能的感觉，正是这种感觉造就了现在的奈飞大热。这是拼图中缺失的那一块——渴望阅读"标题党"创造的标题后面的完整故事，即使你明知道标题背后可能只是一堆垃圾。

想象一下，如果你发现唐纳德·特朗普私下是个能言善辩、知识渊博的法国印象派艺术爱好者，你会做何感想？或是发现教皇方济各喜欢在晚上看终极格斗冠军赛来打发时间？这些出乎意料的违和（错误——如果你想找一个词来形容的话）发现会刺激你探寻更多秘密。研究人员于是给出了另一种定义：好奇心是你在自己的世界中感到不和谐的时刻。[18]新发现的事实和你现有世界观之间存在不一致。我们不要纠结这些定义在所强调的重点上的细微差别。存在这些细微差别并不奇怪，毕竟，人类的处境混乱而矛盾。那为什么好奇心最重要的属性会有所不同呢？

你有多好奇？

我们知道好奇心多种多样。为了集中呈现各种好奇心，我将几十年来的研究通过图表6.1呈现出来，创造出两个大的好奇心轴线图。你将看到每条轴线都指向四大类好奇心：

● **发散好奇心：**寻求刺激以逃避无聊的需求（大多数时候不可控）。

● **知识好奇心：**学习更多知识的冲动；"努力"积累信息的使命。[19]

● **特定好奇心：**对于特定知识的渴望；如果你愿意，这就是完成拼图的最后那一块。

● **感知好奇心：**寻找现实世界人、物和感觉等不同的客观存在的兴趣。

不同的指向交叉影响，又创造出更多好奇心状态，它们分别是（从左下方开始）：

● **漫游**（感知—发散）：这是一种无方向性的身体漫步，比如漫无目的地穿过一个偶然发现的公园，在一家服装店或菜市场闲逛，或是感受新的视野、声音、气味或纹理。

● **体验**（感知—特定）：当你想了解某一特定经历感受时，比如吃药，或是抓一条蛇，摸一下它的鳞片是什么触感。这是一种对新感觉的渴望——视野、声音、纹理，但是它旨在回答某一特定问题。

● **冲浪**（知识—发散）：对于探索性信息或知识的需求，之所以产生这种需求或许是为了避免无聊。当你在周日下午浏览电视频道时，当你做着不同主题的白日梦时，或是不停刷社交媒体信息时，可能就是在寻找相关信息或知识。

● **专注**（知识—特定）：对信息或知识的渴望，旨在回答某一特定问题，无论这个问题有多深奥。正是这种好奇心驱使我们解决数独难题，工作中的关键问题，创作一本书或完成一篇博士论文。

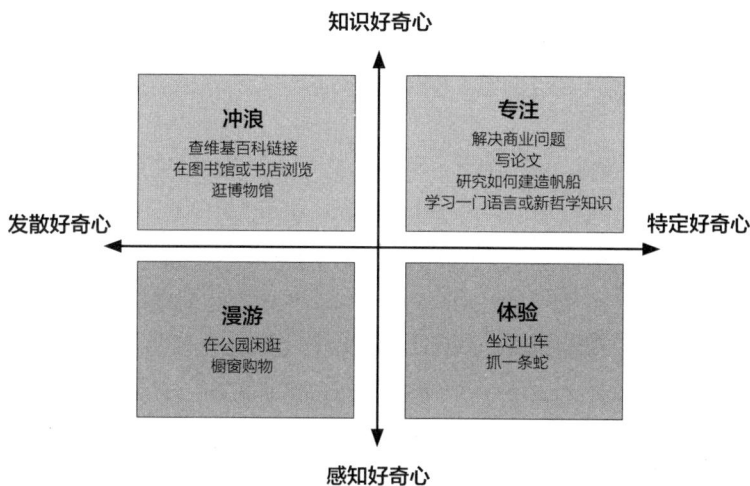

图6.1 好奇心象限图[20]

我们在上一章中探讨了"冲浪"和"专注"之间的紧张关系。我的建议是，在容易分心的数字世界里，留出时间和空间来进行深度思考和创造。然而，需要指出的是，四种好奇心对你的创造力全都有积极影响。只是要再次强调，有组织的工作和生活模式可以让我们有空闲时间去"漫游"和"体验"，这一点非常重要。英国皇家艺术学会的几位作者发表了一篇关于好奇心的研究论文，他们也同意我的这一观点，他们写道："会聚性（特定好奇心）和发散性（发散好奇心）思维，都有可能产生创新性解决方案，值得同时拥有这两种思维。"[21]所有四个象限都可以让你以不同方式接触新思想、新事物和新感觉。

人类实验

平衡四大好奇心象限

花点时间想想，你上一次运用好奇心的时候，是动用了以上好奇心象限图中的哪一种？以及你多久才会施展一次好奇心？这是一个平衡问题。在你的生活中，你会做些什么来确保这种平衡行之有效呢？你一般怎样才能留出更多时间来施展好奇心呢？你能做些什么来满足每个象限中的好奇心呢？

好奇心机器？

加利福尼亚大学的一个团队正在为人工智能开发一种"内在好奇心模型"[22]。研究人员复制了经典平台游戏《超级马里奥兄弟》和基础3D射击游戏《毁灭战士》这两款简单的电子游戏中的好奇心元素，使得即使在没有得到明显即时回报的情况下，人工智能也能发现有关其正在探索的环境的新信息。换句话说，这就是人工智能的"好奇"。在这两款游戏中，研究人员发现，人工好奇心的运用让学习过程更高效。人工智能不再浪费更多时间碰壁，而是在其所探索环境中四处移动，学会更迅速导航。

让我们来看看这个问题。这项技术远未发挥出人类好奇心的力量，纽约大学研究科学家布兰登·莱克构建了人类认知能力的人工智能模型，证实了这一点，他表示："这是一种以自我为中心的极度好奇心。（人工智能）本体只对与其自身行为相关的环境特征感兴趣，而人类的好奇心更广泛。人类希望通过不那么直接与自身行为联系起来的方式了解这个世界。"正如我们发现的其他智能形式一样，人工智能擅长特定领域的探索，而人类既擅长探索，也善于找到事物之间的联系。

通过每天学习增强好奇心

无论你对自己目前的好奇心程度做何评价，都不妨碍我分享这样的好消息：你可以进一步增强好奇心，也可以重新培养好奇心。你可能听过从事人力资源的人常说的一个词："终身学习。"这是个好方法。然而，我并不鼓励你采用某种显而易见十分漫长且难以衡量的方法。你为什么要去做那些只能在你死前几分钟内验证出结果的事情？！与此相反，我将在本章的剩余部分集中探讨"日常学习"。这样做更容易看到效果。你今天要么学到了点什么，要么什么都没学到，这也有助于回答我们如何才能真正获得新能力这个问题。经常性的点滴积累总能取得最佳效果。正如伦敦大学商业心理学教授托马斯·沙莫罗-普雷穆兹克所言："虽然智商很难训练出来……好奇心却可以培养。"[23]好奇心是一种认知肌肉，忽视它，它就会变得松弛。锻炼能让它块头更大，更强壮。健身爱好者常说，最好的结果总是来自正确的习惯，而且需要每天训练。所以，让我们开始训练吧。

留出时间进行好奇心学习

最基本的第一步是花时间去培养好奇心。希望我们在"专注"一节中介绍的技巧和技术能对此有所帮助。作家托马斯·科利花了5年时间研究白手起家的百万富翁的习惯。他发现，与普通人相比，这些百万富翁花更多时间看书，而不是看电视，而且他们看书不是为了休闲放松，而是为了学习。美国电话电报公司首席执行官兰德尔·斯蒂芬森曾说过，那些每周不花至少5到10个小时在线学习的人，"将会被科技淘汰"[24]。我们已经看到比尔·盖茨在"思考周"所取得的成就。不过，他并不是抓住经常性学习所带来的巨大优势的第一人。这是世界上最成功的人的一贯做法，这些成功人士包括沃尔特·迪士尼、弗兰克·劳埃德·赖特、沃伦·巴菲特、马云、史蒂夫·乔布斯和杰夫·贝佐斯。[25]电视脱口秀明星奥普拉·温弗瑞很清楚自己成功的根源何在，她坦言："书是我获得个人自由的通行证。"耐克创始人菲尔·奈特对自己的图书馆敬畏有加，以至于访客在脱鞋进入之前，还要先鞠躬行礼。埃隆·马斯克从古老的科学书籍中学到了建造火箭的知识后，才诞生了太空探索技术公司。美国前总统巴拉克·奥巴马声称，阅读帮他度过了8年的艰难白宫生活。在美国总统办公室忙得不可开交的时候，安静的阅读给了他一个"放慢脚步，开拓视野的机会……以及换位思考的能力"[26]。

👤 人类实验

5小时法则

对像比尔·盖茨这样的人而言，可以照搬"思考周"模式。可是，如果你不是某公司的董事会主席，就很难安排出一整周的时间来思考。因此，我建议你尝试一下"5小时法则"。[27]做法很简单：无论你有多忙，每天至少挤出1小时的时间学习。[28]美国开国元勋和发明家本·富兰克林就在生活中运用过这一法则。每个工作日，富兰克林都坚持挤出大约1小时用于学习，这么做帮助他释放了巨大潜力。他不仅成了一名成功的作家，还是外交家，他还发明了富兰克林炉、双光镜和避雷针等东西。[29]

下面这些实用建议，可以帮助你掌握5小时法则：

● 列出10本有助于开拓你的思维的书。

● 买一个电子阅读器，它更轻便易携带。

● 灵活使用有声读物、播客和视频博客，它们是不同于阅读的学习形式，而且方便在智能手机上存储。

● 时刻保持好奇心。排队或午休时间都可以看书、听有声读物或看视频（记得随身携带轻便耳机）。

● 经常问自己两个关键问题，确认自己正在学习些什么：目前正在看或听的东西中，能总结出两到三个重要见解或收获吗？我该如何在生活或工作中实践学到的这些知识？

向达·芬奇学习

历史上好奇心最强的人是谁？意大利发明家、工程师和艺术家列奥纳多·达·芬奇绝对是强有力的候选人。之所以说达·芬奇是人类好奇心的价值榜样，有以下两个重要原因。首先，他的笔记本上满是各种涂鸦、素描和任务清单，他还会配上令人惊叹的草图。我们现在还能看他的这些笔记，也因此可以看到他无尽的好奇心是如何支撑起他的成功的。我们通过这些笔记可以理解，好奇心如何与创造力联系在一起，进而催生了发明创造。传记作家沃尔特·艾萨克森评论道："他的天赋是那种我们可以理解的，甚至可以从他身上学到的。这种天赋建立在好奇心和敏锐的观察力等技能基础之上，而我们自己也可以提升这些技能。" [30]其次，达·芬奇善于判断应该在何时运用哪种好奇心。他知道什么时候应该广泛涉猎其他领域知识以激发自己的想象力，什么时候应该集中精力掌握某一专业领域知识。

广泛涉猎

文艺复兴是人类历史上好奇心最旺盛的时期。在此之前，被广泛接受的一切都遭到质疑。达·芬奇深受文艺复兴的影响，这并不奇怪，因为他出生和成长的村子安奇诺距离文艺复兴中心佛罗伦萨只有30公里。达·芬奇是不折不扣的"文艺复兴人"，真正的博学家。他不仅是绘画大师，还是雕塑家、建筑家、音乐家、科学家、数学家、军事工程师、发明家、解剖学家、地质学家、制图家、植物学家和作家。他孜孜不倦地致力于研究这个世界如何运转。对于达·芬奇为什么会如此广泛地涉猎各个领域知识，人们从现代神经科学中找到了一点线索。加利福尼亚理工学院的研究人员最近发现，人类的好奇心呈倒U型曲线发展（参见图6.2）。[31]

你是否注意到，当你学习新事物时——无论是新单词、狗的品种、专业运动、发型、历史知识，还是鞋子的款式，这些东西好像会突然出现在你的生活中？例如，当你决定买某一品牌汽车或衣服时，街上似乎突然到处都是这两样东西。这是因为你的新知识已经启动了你的大脑，这些新知识停留在网状激动系统中。[32]你可以利用这种洞察力来培养你的好奇心。通过对新知识的登峰式学习，知识顶峰变得更诱人，你也更容易登顶。[33]好奇心在所有领域都是一个自我实现式的预言：打开任意一扇门，都会开启终身快乐的发现之旅。

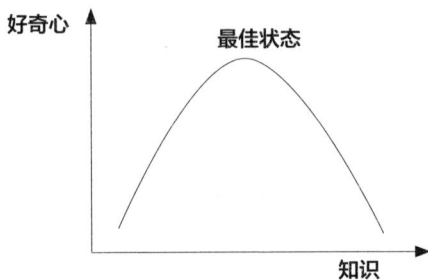

图6.2　好奇心倒U型曲线

想要开拓这条倒U型曲线，你需要广泛涉猎各个领域的知识，锻炼你的理智和情感，充分探索好奇心象限图左侧的"发散"区。同理，著名的"设计思维"方法论总是从顾客角度思考问题，切实感受他们对产品或服务的物理和情感体验。我经常会让高级管理人员花时间去有趣的地方探索和发现新创意，比如热闹的市场、美术馆或科学博物馆。这种漫游适用于不同领域的人。在《科学研究的艺术》一书中，剑桥大学教授贝弗里奇就建议年轻的科学家们拓展所学领域之外的知识，因为"创意通常在你将之前没有人怀疑过的观点联系起来的时候诞生"。[34]

史蒂夫·乔布斯的成功就要归功于广泛涉猎各种知识。1973年，他从大学退学，但他仍然会去曾经就读的俄勒冈大学随意旁听某门课。[35]他曾偷偷溜进书法课课堂，而那堂课的主题就是：装饰性书法艺术。你可能会认为这门课没什么用，但当乔布斯开始设计苹果电脑的时候，他就用上了这门课所学的知识。苹果电脑率先提供大量不同风格的字体，而现在，这已成为所有文字处理器的标准做法。乔布斯后来解释道："如果我没有退学，就不会去上那堂书法课，个人电脑里可能就没有现在这么丰富的字体。当然，我在大学的时候还不能把这些零散的知识串联起来，展望未来。但十年后再回头看，一切一目了然。"[36]

不要忘记，我们与人工智能的区别就在于我们拥有广泛思考的能力。神经科学表明，通用智力点亮了整个大脑。我们不能简单地把它局限在某一领域。[37]当你在生活的知识浪潮中冲浪时，你收集和整理的任何东西都是有用的。正如我们在创造力的超级力量中看到的，发明源于跨越不同边界，"把一个个知识点连接起来"。从维多利亚时代的文学到日本设计，从计算机编码到喷气推进，从DNA到芭蕾舞，在这些"随意选择"却又自有其迷人之处的知识上投入一点精力，当你需要提供创新想法时，或许就能从中受益。希望学习上的投资能立即得到回报是有害、短视且毫无意义的想法。关键在于重视知识本身。你永远不知道它什么时候会有用。

人类实验

打开全新学习之门

你对什么感兴趣？未来会发生什么？列一个清单，利用倒U型好奇心曲线，激发对不同领域的兴趣。清单的广度会让你的头脑更容易产生创新性想法。你今天能推开哪扇门？

人类实验

搜索一切

艺术家和作家奥斯丁·克莱恩建议："搜索一切。我是说一切。搜索你的梦想，你的问题。在你搜索之前，不要提问。你要么找到答案，要么想出一个更好的问题。"[38]这本书的大部分内容致力于遏制人工智能技术的阴暗面。无论是使用谷歌搜索，还是世界网站排名信息网Alexa，都将人工智能作为满足日常好奇心的熟练工具，而不是智力镇静剂，是让我们比先辈更快速学习的绝佳方法，他们做梦也想不到还能这样学习。

专注于某一领域的好奇心

达·芬奇遵从自己的直觉，知道什么时候该停止广泛涉猎，开始专注于某一领域的学习。他孜孜不倦地追求掌握复杂的绘画技巧，这使得他能够准确地画出那些众所周知的难画主题，比如肌肉的伸缩状态和水的流动状态。在一篇日志中，他提醒自己了解"米兰及其郊区的测量工作"[39]。而在他接下来的一个待办事项中，我们可以看到这样做的实际目的——为米兰作画。

在达·芬奇所处的时代，"无所不知"还是一个十分诱人的概念，但今天情况已经有所变化，现在我们要知道的事情更多。无论多么天赋异禀的人，都无法掌握正在产生的信息中的哪怕很小一部分。当最晦涩难懂的学科知识可以通过点击鼠标来获得时，成为万事通就没那么有价值了，这意味着，掌握某些特定领域的知识与广泛涉猎各领域知识同样重要。经济学有种理论是，如果你想获得高薪，就必须在某一供不应求的领域表现出色。和达·芬奇一样，这意味着需要在好奇心象限图右侧的"特定"区域勤加练习。如果你想要做到这一点，就得抵挡得住我们在上一章所探讨的数字世界的各种干扰。

总之，如果想在新兴职业领域取得超级明星地位，你需要做到以下两点：

1.带着头脑去漫游、体验和冲浪，这样才能拓宽知识的广度，触发灵光乍现时刻。

2.专注于挖掘知识和技能积累的深度，这样才能解决你所擅长的一个或多个专业领域中复杂、混乱的问题。

国际设计咨询公司IDEO的首席执行官蒂姆·布朗让"T型人才"这个词广为流传。他认为，他的公司之所以能够成功，是因为他能将多样化、协作性强的团队集结在一起完成高强度的项目工作。对于这个问题，布朗是这么说的："T字垂直的那一笔代表技能的深度，可以让这些人在创新过程中做出贡献。这些人可能来自不同领域——工业设计师、建筑师、社会科学家、商务专家或机械工程师。"他还表示，你需要拥有知识的深度和广度来把自己打造成T型人才。创新型人才会在某一专业领域挖一口深井，然后在这口井附近不安地漫游。只有同时拥有知识的深度和广度，你才能提出一些关键问题，帮助你挑战世界。

👤 人类实验

挖一口深井

　　好奇心不是零和游戏，如果你放任某一种好奇心蓬勃发展，并不会妨碍你培养另一种好奇心。但是，我要严肃地提个醒。你的一天只有24个小时，我们再次遭遇时间的无情阻碍。不受限制地无脑冲浪——沉迷可爱猫咪的照片，为打发时间而无休止地玩糖果消除游戏，以及在推特上喋喋不休——将会吞噬你所有的空闲时间。你需要培养一种敏锐的本能，知道应该在什么时候冲浪，什么时候漫游，什么时候体验，什么时候专注于某一领域的探索。所以，你需要用认知之铲在哪里挖一口更深的井呢？

好奇心是"病毒"（设法抓住它，传播它）

　　美国国家儿童健康与人类发展研究所的科学家们发现，婴儿越积极地探索其生活的环境，他在青春期就越有可能在学业上取得成功。[40]他们在研究中还有另一个同样重要的发现，那就是婴儿好奇心的后续发展会受到环境的巨大影响。来自伦敦伯克贝克学院的两位心理学家特奥多拉·格利加和卡塔琳娜·贝古斯对此进行了实验。她们在婴儿头部安装了电子传感器，以了解当某些事物引起他们的兴趣时，他们的大脑会有什么反应。她们假设，当婴儿指向某事物时，是想引起成年看护人的"共同关注"。实际上，婴儿是在用胖乎乎的小手指进行无声的提问。研究人员发现，当看护人不关心或不理解婴儿的手势时，婴儿可能就不会再次指向某事物。也就是说，即使连婴儿也能感觉得到你是否关心她或是根本不知道她在跟你交流什么，这一点足以引起我们的注意。同样令人心碎的是，许多人在学会走路之前，好奇心就已经被碾碎了。

好奇会传染，但不幸的是，不好奇也会传染。[41]你无法改变你的DNA遗传或你的童年。但是，正如计算机图形先驱艾伦·凯所言："视角的改变相当于增加80分智商。"[42]你可以选择靠近那些能点燃你探索热情的人，而不是跟熄灭你探索热情的人为伍。你的好奇心并非一成不变。它就像温度计里的水银一样会发生变化，它的起落取决于你周围有一群什么样的人。[43]达·芬奇小心翼翼地寻找那些有助于他学习的人，他列了一份名单，上面都是他准备请教的人。他随手写道："找一个数学大师，让他教我怎么把三角形变成正方形。向吉安尼诺请教费拉拉塔楼的墙是如何砌起来的。问问本尼德托·波蒂纳里，佛兰德斯人如何在冰上行走。找一个水力学专家，请教一下怎么用伦巴第人的方式修复船闸、运河和碾磨机。法国大师马埃斯特罗·吉奥瓦尼·弗兰切塞答应了要帮我量一量太阳。"[44]杰夫·贝佐斯继承了这种有意识地向他人学习的传统。他曾在亚马逊担任分析师，他的一位前同事回忆道："他从每个人身上学习……我想杰夫从他认识的每个人身上都学到了一些东西。"[45]

好莱坞电影制片人布莱恩·格雷泽曾与人联合创作《压榨式提问：如何通过压榨式提问获取对方的毕生功力》。[46]大学毕业后，他不安地意识到：他想不起大学时代做过任何一件有价值的事情。他忐忑不安地追着一位老教授一起讨论这个问题，这变成了一次非常令人满意的谈话。格雷泽意识到，他在这90分钟的对谈里学到的东西比他整个大学三年学到的还要多。从那天开始，他把充满好奇心的谈话变成了一项个人"训练"。在过去的40年里，他每两周就会安排一次谈话。他表示："我去找知名人士或娱乐圈外的专家……包括科学、医学、政治、宗教，以及任意一个艺术领域，当然还有技术领域的专家……就想知道那个人的'秘密'。"[47]

👤 **人类实验**

好奇对谈

你想和谁对谈？如果你清楚地表明你想要学习，并提出有趣的问题，对他们抽出时间与你对谈表示感谢，你会惊讶地发现人们对此表现得是多么慷慨。在接下来的6个月里，每隔几周就安排一次1小时的好奇对谈，看看你能学到什么。[48]

👤 **人类实验**

在暖气旁取暖

拿一张纸，在中间画一条竖线。在左边写上"暖气片"，在这一栏里列出那些在你的个人生活和职业生涯中激励和帮助你学习新事物的人。在右边写上"排水沟"，这里面列出的都是那些榨干你时间和精力且得不到任何回报的"时间吸血鬼"。你的哪些同事、朋友和家人是"暖气片"？他们激励你以不同的方式思考，并且不断学习。虽然听起来有点刺耳，但哪些人是"排水沟"呢？他们会打断有趣的对话，无法向你提出挑战。你周围的人总体而言是好奇的学习者还是不好奇的"僵尸"呢？你怎样才能花更多时间与"暖气片"待在一起？哪些人是你见一面或是马上打一通电话，就能让你获得启发的呢？你怎样才能在生活中吸收更多好奇心的热量？

在输给IBM的深蓝4年后，国际象棋世界冠军加里·卡斯帕罗夫在顶级赛事中对人类对手取得了前所未有的连胜，他将自己的国际象棋等级分提高到了历史最高水平。正是在这种信心满满的情况下，卡斯帕罗夫遭遇了弗拉基米尔·克拉姆尼克。结果，他输了。赛后，他解释道："我的弱点就在于拒绝承认克拉姆尼克的准备工作做得比我充分，准备工作本该是我的强项。在此之前，我的每一次胜利都像是为我套了一层青铜外壳，一层又一层，让我变得越来越僵硬，无法做出任何改变，更重要的是，也让我看不到改变的必要。"[49]学习就是承认自己并非无所不知，这样可以避免被青铜膜包住而裹足不前。学习能让你建立起重新学习的意愿，只有这样，你才能在一生中不断重塑自己。在下一章中，我们将探讨如何将你的好奇天性化为一个个问题，进而找到令人兴奋的问题，并逐一解决。

要点回顾

● 好奇心是人类的一种超能力，引领我们走向他人——它开启了学习、创造和在这个快速变化的世界中获得成功的大门。

● 好奇心有点难以确定，它被称为知识情绪、信息鸿沟或不协调感。

● 好奇心是一种认知肌肉，忽视它，它就会变得松弛。锻炼才能使它更大更强。

● 好奇心有不同类型，成功地平衡不同类型的好奇心，有助于你学习和创新。

● 你既要有广泛的或发散的好奇心，也要有专注的或特定的好奇心。

● 每天学习意味着投资一点你最宝贵的资产：时间。

● 好奇心就像"病毒"一样，你可以从其他人身上感染它（尽量避免致命的不好奇！）

人类实验：现在开始……

问对问题

　　你几乎可以将所有的人际互动转化为一次好奇的对话。对话一方可能是一个新认识的人，或是你很了解的人，但你选择从全新的角度认识他或她。在下一章中，我们将集中讨论提问的价值。与此同时，试着在日常对话中利用这7个问题来加深体验，你会惊讶于它们带给你的回报：

1.你现在在学习什么？这个问题能让你从对方的兴趣爱好中获益。

2.你读的书或文章中有哪些是我应该读一读的？这个问题能指导你的个人学习。

3.你认识的人里有谁是我应该认识的？这能让你融入对方的社交圈，看看谁在激励对方。

4.你做过的事情中有什么是我应该尝试的？这能帮助你寻找新的体验。

5.你最大的经验教训是什么？通过这个问题，你能收获对方辛苦得来的智慧。

6.我怎样才能为你增值？这展示了你对这场对话的感激之情。

7.失败如何塑造了你的人生？这个问题能让你了解对方从人生的错误中吸取经验教训的态度。

计算机没有用，它们只能给你答案。

——巴勃罗·毕加索，艺术家

第7章　找到令人兴奋的问题

如何通过对一切提问来武装好奇心

超级力量：**好奇心**

舞步：**提问**

启发性问题：

● 你的生活中有什么需要挑战的？

● 怎样才能问更多问题？

● 怎样才能问出更好的问题？

4C价值：有趣的问题

罗伯特·琼斯觉得跟着人工智能卫星导航系统走十分安全。他忽略了另一个事实，那就是这个导航系统已经把他的宝马车带离了主路，开上了英格兰北部奔宁山脉里一条狭窄陡峭的山路。他只是认为导航系统知道自己在做什么，但幸好他及时对指令是否明智产生了怀疑。而这时，他的汽车已经贴在了悬崖边，再往前多开几米，他可能就无法活着讲述这个故事了。他后来告诉警方，他完全依赖卫星导航系统，当发现它把自己带入噩梦般的境地时，他吓坏了。[1]当被问到明明已经看到情况不妙，为什么没有否定汽车导航系统的指令时，他答道："导航系统一直说那条小路是正常的公路……所以我就相信了它。你绝不会想到会被它带到悬崖边上去。"[2]琼斯先生的故事太容易招来嘲笑，但事实上，这种不好奇、不质疑的行为现在很常见。琼斯看似可笑的错信导航事件发生后，又有数十死于盲目相信错误的卫星导航。美国加利福尼亚州死亡谷国家公园的管理员甚至给这种死亡现象起了个名字：全球定位系统谋杀。[3]

在上一章中，我们探讨了好奇心如何让你学习得足够快，以适应不断变化的世界。在本章中，我们将学习如何通过提出能展现好奇心的问题来武装这种好奇心。我们将探讨你如何才能利用好奇心的力量保持好奇心，理解周围的世界，解决问题，以及创新。提问一直是创新的第一步，这是对我们现在所面对的这个微妙复杂的世界的最佳回应。人工智能擅长基于现有数据研究已知问题，而我们人类必须将不懈寻找下一个问题当作己任。

坚持不懈的好奇

想要理解终身好奇是什么状态，就要说回被著名艺术史学家肯尼斯·克拉克称为"史上最好奇的人"的那个人。[4]列奥纳多·达·芬奇正是通过提问创作出他最著名的杰作之一《蒙娜丽莎》（图7.1）。这幅画具有重要的象征性地位，因此，如果你知道达·芬奇之所以在1503年创作这幅画，只是因为接受了一笔金额较小的委托时——这幅画原本只是一幅普通商业肖像画——或许大吃一惊。这幅画之所以声名鹊起，是因为达·芬奇当时沉迷于捕捉神秘创作对象的神态——一名来自佛罗伦萨的年轻女人。他彻底被这幅画迷住了，当16年后他在巴黎去世

图7.1 蒙娜丽莎

时，这幅画仍然放在他身旁。在十几年的时间里，他一遍又一遍地画着《蒙娜丽莎》。达·芬奇把这幅画当作一个实验品，不断提出一些关键问题并回答。他的第一个问题是：是什么让一幅画吸引观赏者？这个问题引出了另外三个问题，这些问题最终引发了绘画艺术史上的卓越创新：

"当光线照进眼球时会发生什么？" 这一想法促使达·芬奇仔细研究这一点，并以一种创新的方法准备画布。在开始作画前，他会在画布上覆盖一层明亮的白色含铅涂层，这意味着光线透过层层薄的颜料到达打底层后，会被再次反射出去，这使得达·芬奇的画从表面上看真的会让观赏者眼前一亮。[5]

"为什么远处的东西看起来模糊，而近处的东西看起来清晰？" 经过仔细观察，达·芬奇最终将蒙娜丽莎身后的河流和树木都做了模糊处理，这使他成为第一个在画作中表现真实景深的艺术家。即使是与他同时代的伟大对手米开朗琪罗也无法理解和应用这一技法。

"人类面部的哪些肌肉能触发微笑？" 这个问题让达·芬奇进行了一些绝妙但又有点怪诞的实验。达·芬奇白天忙于使蒙娜丽莎的微笑变得完美无缺，晚上则待在新圣玛利亚医院的太平间里，这家医院就在他在佛罗伦萨的画坊附近。他剥去尸体的皮肤，研究下面的肌肉和神经，这使他对人类微笑的成因有了前所未有的生理学认知。他的洞察力在蒙娜丽莎调皮噘起的嘴唇上得到完美体现。上一秒看上去，她还是容光焕发的模样，下一秒再看就变成严肃嘲讽的样子，就像真人那样拥有微妙而神秘的面部表情。500多年后，《蒙娜丽莎》仍然栩栩如生地活在我们眼前，这就是为什么每天有3万人不惜大排长队也要在巴黎的卢浮宫一睹她的风采。[6]他们希望看到这个真人般的微笑，而正是善于提出问题的人类让这一切成为可能。

人类实验

从充满好奇的问题开始

达·芬奇的提问带来了答案，这使得《蒙娜丽莎》的创新成为可能。你未来要提的问题也能帮助你创新和增值，你的"蒙娜丽莎"是什么？你想要追求和掌握的项目、挑战或新学科是什么？花几分钟时间，写下你感兴趣的事物。在每一个的旁边写下一些让你感到好奇的问题，这些问题可能会帮助你更深入地了解这些事物。

奥地利裔美国商业思想家彼得·德鲁克被许多人奉为现代管理之

父，他曾谦虚地表示："作为一名顾问，我最大的优势就是保持无知，并时常提一些问题。"[7]上周你问了多少问题？这是衡量你目前好奇心水平的合理基准。一项关于儿童与看护人互动的研究显示，幼童平均每小时会提出大约100个问题，而面对这一发现，年轻的父母一点也不会感到意外，他们只会疲惫地耸耸肩表示认同。研究者们得出结论，在我们小时候，问问题"不是偶尔发生的事情……这是身为孩子的核心意义所在"[8]。那我们为什么要停止提问呢？我们会在本章的剩余部分探讨，那些充满好奇的问题如何能让你在生活和工作中避免无关紧要的事情，解决问题，促进创新，让你从中受益。

通过提问避免做出糟糕决定

20世纪30年代，法国政府在法德边境修建了一系列混凝土防御工事，被称为马其诺防线。如果从1918年前结束的第一次世界大战的静态堑壕战角度来看，这本应该是一项完美的防御工事，但是，在第二次世界大战爆发后，这项防御工事没有起到一点作用。德军轻松地绕过马其诺防线，从北部通过比利时入侵了法国。成熟的大国往往倾向于从上一次的战争中借鉴经验，而不是深入分析下一次的战争形势。

心理学家已经发现了这类盲点的心理因素：确认偏误，它是指我们倾向于寻找能够支持已有观点和先见之明的信息。这可能会导致奇怪的羊群行为：人们以他人的行为作为指导，来决定自己应该做什么，而不是通过提问来确定自己的行为。[9]例如，导致全球信贷紧缩的非理性的美国房地产泡沫，就是由那些不愿质疑现实、宁愿随波逐流的投资者造成的。在选举期间，人们倾向于寻找正面信息，以此粉饰自己喜欢的候选人的光明面，并且回避与其选择相矛盾的信息。与此同时，他们还会寻找能够丑化竞选对手的信息。这种时候你有多聪明真的不重要，我们全都这么做，无一例外。

如果说倾向于确认偏误是我们的阿喀琉斯之踵，那么人工智能管理的信息就是针对我们这个弱点设计的完美毒箭。当你想买点什么东西时，你的智能手机就能及时收到那样东西的广告，你熟悉这种奇怪的感觉吗？这就是一种基于你的过往行为，以及无数具有类似偏好的其他人的行为，对你所想要的东西做出的预测性人工智能算法。就像为你量身定制某些产品一样，你收到的越来越多的信息早已经过修改和编辑，这就是所谓的"过滤气泡"。[10]人工智能会记录你之前点击、浏览和搜索的历史，有时候甚至会记录你的位置和所使用的电子设备信息，从而为你提供与你之前感兴趣的东西相关的信息。你的谷歌搜索结果和脸书上的个人信息流就是过滤气泡发挥作用的两个完美范例。网络世界会根据你以往的所有数字信息，向你提供它认为你想要的信息。

当我们过去的一些选择使我们成为假新闻的攻击目标时，过滤气泡就变成了最危险的存在。误导性的宣传和彻头彻尾的谎言一直就是我们一辈子无法摆脱的热门话题。在一项关于假新闻的最大规模研究中，研究者分析了推特出现后的每一条有争议的英文新闻报道——300万用户在十几年的时间里发布了12.6万多条类似消息。[11]研究结果不容乐观。在推特上，谎言始终主导着真相。谎言能辐射到更多人，更深入地渗透到社交网络中，传播速度远远超过真相。谎言在任何领域都胜过真相：商业、恐怖主义、战争、科学、技术、娱乐，当然还有政治，在2016年的美国总统大选和英国脱欧公投中，谎言一直在暗中推波助澜，发挥着最隐蔽的影响力。最近针对印度选民的一项研究显示，那些被过滤气泡锁定的人把选票投给由带有偏见的搜索引擎力推的候选人的概率比普通选民高出12%。[12]这已足够决定一场选举的结果。18世纪讽刺作家乔纳森·斯威夫特曾写道："谎言满天飞，真相一瘸一拐地跟在它后面。"谎言现在变身为数字类固醇。

在一个充满不确定性的世界，明智的做法是不断质疑你"发现"的信息，以避免生活在自我延续的错觉中。你需要提高批判性思维能力，以便应对这种误导性报道。根深蒂固的人类偏见往往与我们的切身利益背道而驰，更有可能造成智力上的孤立。如果不提出充满好奇的问题，你会更加固守原来的自我，而不是趋向有更多可能性的自我。

人类实验

戳破气泡

你如何确保引入更具挑战性和多样化的信息和话题就能戳破过滤气泡？你的信息从何而来？你的新知识的可验证来源是什么？如果你是一名记者，你能保证内容的可信度吗？有没有办法可以找到另一个更可靠的信息源？

人类实验

打开你的雷达

想要跟上我们周围混乱的世界的步伐，一个好办法就是建立一套知识体系，然后不断更新它。没有这样的知识体系，就很容易变得不知所措。首先，你需要打开概念雷达，这样你才能辨别新事物何时发生。[13]不同波段的雷达捕捉到的信息可能会被贴上不同标签，比如酷炫技术、社会趋势、经济主题、环境运动和政治变革，这些通常会相互依赖。下面这个实用清单可以确保你的雷达捕捉的信息足够多样化：

● 你读过哪些非虚构作品？主题涉及哪些领域？

● 你经常看哪些杂志？哪些文章你会仔细阅读？

● 你借助什么进行在线学习？你订阅了哪些播客、YouTube 频道、博客和网站内容？

● 你一般看什么电视节目？

● 你每年会参加哪些会议和活动？你对所有演讲人和主题都很熟悉吗？是否应该尝试另一个与你的核心领域没那么大关联的活动？

人类实验

延迟做结论

我曾经是一名记者，但我惊讶地发现，几年前开始我就几乎完全不看日报了。对此，我的经验是，如果想了解这个世界，去看记者们擅长做出的那种即时结论之前，自己先要进行反思。现在，在出版周期较短的期刊中，我会定期阅读的是《经济学人》，它是一本周刊，而非日报。事实上，我们这个世界上发生的几乎所有重大变化所需的新陈代谢时间远远超过24小时的新闻周期。反思性信息意味着创作者有时间和空间来思考其论点。下面几个问题可以帮助你提出信息源头，有助于你提出属于自己的好奇问题：

- 你从哪里了解世界是如何变化的？
- 你如何看待新闻和时事趋势？
- 你从哪里获得有关科学和技术的长期信息？
- 你如何整合你的社会、人口统计和政治运动相关知识？

大胆的问题

挑战自己的偏见需要有谦卑之心，反驳别人的偏见需要勇气。在取得成功之后，尤其要不断提问，这有助于你避免像国际象棋冠军加里·卡斯帕罗夫所说的那样，"被套上一层青铜外壳"。如果柯达、诺基亚、施乐、百视达、雅虎、MySpace（聚友网）、宝丽来和博德斯等惨遭失败的知名企业孕育出一种持续提问的企业文化，它们的命运会怎样？它们很可能得到进化发展，而不仅仅是作为商学院的警示性案例而存在。管理哲学家朱尔斯·戈达德是帮助领导者指出其所谓的"无稽之谈"的大师。人们不假思索地接受了他的这一智慧说法，这么做曾经是正确的，但现在却行不通了，因为世界已经迅速向前发展。大胆的问题有助于扭转"群体思维"的潜在引力，在"群体思维"的影响下，人们更容易保持现状，而不是提出创新建议。如果不加以控制，缺乏挑战、没有问题的文化就会催生出乏味的"我也这么认为"的产品，这种"我也这么认为"的产品来源于"我也这么认为"的混乱思维。戈达德形象地描述了这种情况："战略解决方案不能一概而论，它们建立在洞察力基础上，而不是规则或原则的基础上……每一家伟大的企业都是特别强大的洞察力的化身。随着洞察力的枯竭，企业也每况愈下。"[14]戈达德敦促我们认清现实：战略（如何在生活、运动或商业中取胜）总是有保质期的。前进的唯一方法就是不断质疑它。

　　从理论上来说，提问应该很容易，但实际操作起来却很困难，当然，这里说的是在组织环境中提问。困难的症结在于恐惧。塔米·埃里克森是研究工作性质演变的全球知名思想领袖，她透露："经常有领导者问我，在现代社会，他们需要做些什么才能变得更具协作性和创新性……以及成为一个更优秀、更具影响力的人。我总是向他们建议，最有效的日常练习就是提出更好的问题。"她还补充道："但是，这也是最难做到的行为改变，尤其是对那些处于领导地位的人而言。"[15]因为害怕自己看起来很蠢，掌权者往往不敢提问。老板提问会暴露他或她并不知道所有问题的答案，这是一种鲁莽的谦逊。而阻止没有权力的人提问的则是另一种不同的焦虑。一个法国下士需要鼓足勇气，才能对将军们所青睐的马其诺防线的防御策略提出质疑。无论是领导者还是普通员工，想要成为一个好奇的提问者，都需要勇气。

👤 人类实验

大象问题

　　在你的生活、家庭或组织中，因为答案可能有点让人难以接受而导致大家都在回避的显而易见的问题有哪些？这是管理学中老生常谈的"房间里的大象"问题。如何才能巧妙地提问，让大家正视那头大象呢？

解决问题的问题

创造力研究先锋米哈里·契克森米哈赖着手研究创新思想家是如何解决问题的。他招募了31名艺术生，让他们接受一项挑战。他的团队邀请每个人进入一个房间，房间里放着两张桌子。一张桌子上乱七八糟地堆着一大堆东西，包括一串葡萄，一根钢制变速杆，一顶天鹅绒帽子，一个黄铜喇叭，一本古书和一块玻璃棱镜。每个学生被要求选择一些物品，把它们摆放在第二张桌子上，然后照着画一幅"静物"。

这次实验展示了解决问题的两种截然不同的方法。一组学生可以被称为"解决者"，他们高效地选出物品，迅速将它们摆放好，然后非常仔细地描摹、扫阴影和渲染作品。研究团队将第二组学生称为"搜索者"，他们采用的方法似乎比较低效和混乱。他们比第一组花了更长时间来检查这些物品。在应该选择哪一个以及如何摆放的问题上，他们反复改变主意，他们花了很长时间做选择。然而，他们摆放好物品后，仅用了5到10分钟的时间就画好了草图。

"解决者"迅速制造出一个视觉问题，然后花较长的时间和精力去解决它。"搜索者"则将精力投入到"寻找问题"的过程中。有意思的是，总的看来，"搜索者"更具创造力。6年后，契克森米哈赖对当时的实验对象进行了回访。他发现，其中只有1/3的人后来在艺术界声名远扬，而这部分人基本上都是"搜索者"。[16]最具创造力的人是那些抽出时间来问正确问题的人。[17]阿尔伯特·爱因斯坦曾说过，如果他只有1个小时来拯救世界，他会用55分钟来弄清楚问题所在，只用5分钟来找到解决的办法。

清楚地陈述一个问题，并提出有针对性的问题，使问题更加清晰，这么做虽然很简单，效果却十分惊人。X成长学院创始人肖恩·谢泼德也对此表示赞同，肖恩是一名连续创业者，他和我一起帮助企业创新团队体验硅谷和旧金山的商业文化。他告诉我："企业家需要的不是产品，他们需要的是问题，尤其是能由他们自己很好地解决的问题。"[18]换句话说，企业家的首要任务不是销售产品，而是找到完美的"产品-市场的契合点"，那就是客户需求最迫切的地方。他们要带着很多问题才能找到那个点。

当你不仅找到了问题，还必须按照一定要求解决它的时候，就更容易发挥创造力，这与通常的认知似乎背道而驰。让你在一张白纸上完全自由发挥反而会扼杀创造力。在广告界，人们称之为"严格摘要的自由"。巴勃罗·毕加索15岁的时候就熟练掌握了绘画技法，然后，他本能地给自己设置种种限制——最著名的是他在整整4年的时间里都只用蓝色作画。许多人认为这些画是他最好的作品。有时候，设置一个有用的限制的最佳方法就是提出一个非常清晰的问题，清楚地描绘出问题的"边际"。

尖锐的问题在大企业中也有过释放巨大价值的历史。作为日本工业革命之父之一，丰田佐吉在20世纪30年代发明了"5Why（为什么）"分析法，他是实业家、发明家和丰田工业的创始人。他的方法在20世纪70年代盛行一时，直到今天，丰田公司还在用它来解决问题。你要先用"问题陈述"这种形式清楚地描述问题，然后再问"为什么"，一遍又一遍地问，重复问5遍。

人类实验

5个"为什么"

试试丰田的方法吧，这个方法十分简单。首先写一个问题陈述，描述一下你有兴趣解决或改进的问题。然后问问自己为什么会出现这个问题。每次回答后，再深入挖掘一点，然后重复问"为什么"，用来回答你刚挖掘出的新问题。这样做能逐步深入挖掘问题的根源，而正是这些根源导致了问题的出现。[19]

有助于创新的问题

2010年，年轻的电脑程序员凯文·斯特罗姆提出了一个有趣的问题，并因此创建了自己的科技公司，他问道："我怎么才能创造一个受欢迎的位置分享应用程序？"[20]这个问题催生了Burbn（波本）这个应用程序，你可以以城市地点注册，为未来的"签到"做计划，通过与朋友外出游玩和发布照片获取积分，这个应用程序并没有大获成功。斯特罗姆有点失望，但并没有气馁。他和该应用程序的联合创始人迈克·克里格对用户行为进行了调查。他们惊讶地发现，人们忽略了Burbn的许多功能，但他们乐于分享照片。实际上是很多人乐于分享照片。

这一发现让这两位年轻的企业家提出的问题有了根本性转变。新的问题是："我们如何创建一个单纯分享照片的应用程序？"斯特罗姆解释道："决定从头开始真的很难，但我们决定冒险，我们基本上把Burbn的所有其他功能都去掉了，只保留了上传照片、评论和点赞功能。"[21]经过几天筋疲力尽的编码工作，某个午夜时分，这对搭档重新推出这款应用程序，他们觉得这下能睡一觉了，因为他们确信大家得花上好几个小时才会在网上发现它。然而，就在短短几分钟时间里，世界各地的人们纷纷下载这款应用程序。在几个小时的时间里，他们就拥有了1万个用户。斯特罗姆透露："这天结束时，一直保持着这样的下载量，我心想'是我们数错了吗？'"他没有数错。

回答对的问题让他们的想法实现了价值的爆炸式增长。2012年1月，他们的公司已经拥有1500万注册用户。同年3月，这一数字跃升至2700万。没过多久，脸书就斥资10亿美元收购了他们的公司，而此时距离斯特罗姆开始实践自己的想法仅过了2年时间。在此期间，这款应用的名字也发生了变化。为了体现其简便的特性，创始人将代表"即时"的instant与代表"电报"的telegram两个单词组合在一起，创造了Instagram这个新名字。现在，Instagram的用户数已经超过10亿。[22]

《提问：卓越领导人问伟大的问题》作者约翰·C.麦克斯韦尔曾总结道："如果你想有所发现，如果你想打破现状，如果你想有所进步，找到新的思维和行动方法，你就要学会提问。提问是发现和创新的第一个环节。"[23]斯特罗姆和克里格不是只提了一个问题，这一点至关重要。在初始产品失败后，他们还继续提问。正是这种决心和好奇心促使他们改变了方向。这一策略在硅谷标志性的成功故事中如此重要，以至于人们专门用一个动词描述它：转型。埃里克·莱斯在《精益创业》一书中将"转型"定义为："有组织的方向修正，旨在验证全新的关于产品、策略和增长引擎的基本假设。"它的用途不仅限于商业，我们所有人在生活中都会遇到一系列已经验证或未通过验证的假设，以及随之而来的机智的转向探索。

提出更好的问题

等级制度是在组织中提问的一大障碍，但它并不是唯一障碍，另一个障碍是，在团队、企业或家庭中没人意识到不提问是个问题。结果导致大家不知道怎么提问。我们需要有意识地锻炼才能养成提问的习惯。麻省理工学院斯隆管理学院高级讲师赫尔·葛瑞格森表示："伟大的创新者都知道，得出更好的答案的关键是提出更好的问题——一个能挑战根深蒂固的假想的问题。然而，大多数人不会这么做，甚至在进行头脑风暴的时候也不会这么做，因为更好的问题不会自然产生。因此，在寻找新想法的时候，他们往往会感到一筹莫展。"[24]

那么，什么样的问题才是好问题？好奇的问题并不是电视上检方律师在虚构法庭上问的那些问题："呃，被告是否能确认自己在案发当晚10点17分身穿蓝色裤子和红色套头衫，站在玫瑰与王冠酒吧外面吗？"这是一个"封闭式"问题，被提问人只能回答"是"或"不是"。封闭式问题对于确认你认为你已经知道的东西很有用。但是，这并不是纯粹的好奇问题，这只是一种审问。当然，封闭式问题在某些情况下也能起到一定作用，比如：

● 测试理解力：那么，如果我获得了这个资格，我能加薪吗？

● 阐明决定：既然我们现在已经清楚情况了，那我们是否都同意这是正确的做法呢？

● 框架设定：你对你的银行服务满意吗？[25]

与之相反，开放式问题是用来探索的，和其他技能一样，你需要稍加练习才能掌握这一技能。20世纪90年代，我还是一名年轻的记者，当时我已经知道开放式问题和封闭式问题的关键区别。但是，即使过了这么多年，有时候明明开放式问题会更有效，我仍然会忘记这一点，自动回到封闭式问题的轨道上。

好的开放式问题和绝妙的开放式问题之间的差异非常微妙。比较一下下面两个版本的问题：

版本1：年底前，我们要如何处理独角兽项目？

版本2：年底前，我们可以怎样处理独角兽项目？

第一个问题是一个好的开放式问题，第二个则是一个绝妙的开放式问题。为什么？它用能够引发兴趣的"可以"这个词，引导回答者给出更具创意的答案。

面对"我们可以怎样"这个问题，国际设计咨询公司IDEO将其分解为三个部分：

● 怎样表明解决问题的可能性，它意味着存在解决的方法。

● 可以表示解决问题的方法不止一种。

● 我们暗示了通过团队合作来寻找解决方法。[26]

你还可以更深入一点，让你的开放性问题真正让人沉迷其中。一个绝妙的问题会唤醒你的大脑，而不是让它昏昏欲睡。当你思考如何创新时，通常会提的一个问题是："谁有改进产品的新想法？"但是，通过调动一点紧张情绪，增加一点幽默元素，你可以获得更好的结果。下面就是加了一点料的版本：如果我们举办一个名为"我们的产品和服务如何糟糕"的论坛，可以在主会场谈论哪些话题？[27]

👤 **人类实验**

巧妙提问

选出一个你之前在本章中提的问题，并试着加点料，下面这些有趣又有启发性的提问或许可以给你一些灵感：

1.你刚刚写了一本关于这家公司揭秘性质的书：它揭露了哪些秘密？

2.如果你在1年时间里只能做一个项目来改变公司，你会做什么项目？为什么？

3.与客户连接的最短路径是什么？我们如何才能在6个月的时间里实现这一路径？

4.哪个环节问题更大：产品、流程还是员工？我们该如何解决这个问题？

5.你希望取消你工作的哪个环节？[28]

你也试试看，你能提出的最激动人心的问题是什么？

人类实验

一言不发

下面这是个好建议：你提出问题后，停下来。稍做停顿，在有人开口说话之前不要多说一句话。保持安静，即使这会让你感到有点别扭。你的问题提得越好，大家就要花越长时间来处理和回复。在我们生活的世界里，大家通常急于中止安静的停顿，以避免尴尬，但在探索他人的思想时，沉默是金。

人类实验

调试问题

我们将之前提到的一些观点融入本章的倒数第二个实验中，它还能让一些合作者参与到充满好奇的提问对话中。

陈述问题：确定问题，找到需要修复的"漏洞"。选择一个没有发挥应有作用的事物，它可以是某个流程、产品或服务。它可能是由最近发生的非常糟糕的事情引发的，或者是被同事或客户发现的，甚至可以是你家庭生活中的某些事情。可以参考下面这些例子：卖得不好的产品，生产过程中反复出现的错误，并因此导致生产延期、造成经济损失，或是团队之间的沟通障碍，或永远不起作用的一种会议形式。

成立调查小组： 把志趣相投的人召集在一起，组成一个调查小组，让他们能够应对好奇问题引发的挑战。记得从中选一个人担任协调员。

首先，问一些有关现状的简单问题： 进行这样的讨论是为了理清现状。在赫尔·葛瑞格森所谓的"问题爆发"研究中，他建议大家提一些开放式问题，而不是封闭式问题，而且问题应该简短，不要繁复。下面这些描述性问题就有助于理清现状：有效的是哪部分？无效的是哪部分？为什么？这样的状况持续了多久？什么时候开始的？

然后，问一些有关未来事情可能会如何发展的复杂问题： 当你觉得自己已经对现状有了比较深入的了解时，就可以开始问一些更有推测性和前瞻性的问题。这样的问题会引发创造性思考和新想法："我们为什么要这样做？我们可以有一些不同的做法吗？我们试试这种做法怎么样？为什么不试一试呢？"

在一次大学毕业典礼上，史蒂夫·乔布斯曾对在座的毕业生说过一句名言："求知若渴，虚心若愚。"我想再加上一句："求新不辍。"要做到这一点，最好的方法就是不断挖掘令人兴奋的问题，然后在此基础上不断提出令人着迷的问题。当我们在觉悟力和好奇心这两个舞步之间舞动的时候，希望你已经收集到很多有趣的想法、主意，当然还有问题。我们现在要进入第三个C舞步，届时你将利用这些素材来激发人类的超级力量——创造力。

要点回顾

● 提问能让你保持好奇心，思考未来。

● 人工智能擅长检视现有数据，这使得人类有余力设法解决下一个问题。

● 用关键问题来打破人工智能的过滤气泡，挑战与生俱来的人类确认偏误。

● 缺少提问会导致做出未经检验的决定和无意义的事情。

● 挑战你自己的偏见需要有谦卑之心，挑战别人需要勇气。

● 通过寻找令人兴奋的问题来激发创造性思维。

● 想要创新，那么无论是经历失败，还是获得成功之后，都要继续坚持不懈地提问。

● 提问是一种需要有意识培养的习惯。

● 好奇的问题是令人着迷的开放式问题，通常随之而来的是沉默（聆听答案）。

👤 人类实验：现在开始……

提一个致命问题

一次偶然的机会，Instagram的两位联合创始人发现了惠普前首席技术官菲尔·麦肯尼所谓的"致命问题"，后者收集了很多便签，上面记录的都是经过实战考验、能够有效释放价值的创业问题。下面列出了8个致命问题，能帮助你用全新的眼光看待问题。选择一个你现在正在或想要生产的产品或推出的服务，然后花点时间想一些不一样的答案，看看它们会把你引向何方：

- 谁在用我从未想过的方式使用我的产品？
- 针对客户的需求，我有什么不可动摇的信念？
- 我的行业是在哪些规则和假定情况下运作的？
- 如果事实正好相反怎么办？
- 5年后，我的客户的购买标准将是什么？
- 采用新方法的情况下，有什么可以为我所用？
- 采用新方法的情况下，我能有效连接起哪些东西？
- 在设计或性能方面，我能做出什么改变？[29]

创造力

拥有有价值的原创想法的过程
想象一个尚不存在但可能存在的世界的能力

灵感属于业余爱好者——我们其余的人只要做到现身、干活。

——查克·克洛斯，画家[1]

第8章 幸运是种技能

如何培养创造性习惯，使自己更有可能获得灵感

超级力量：**创造力**

舞步：**激励**

启发性问题：

● 我如何开始一次创造过程？

● 是什么让我"产生"一些想法？

● 我怎样才能不陷入困境？ [2]

4C价值：创造性习惯

崔拉·夏普一生都致力于利用其创造潜力来支付账单，她是纽约市舞蹈圈的传奇人物，她设计了不少最佳现代舞编舞和百老汇音乐剧。虽然她成绩斐然，但当夏普受雇创作时，并不知道这一次会成功还是失败。因此，夏普利用其对我们大脑如何工作的认识，来避免令人窒息的不确定性。她很清楚，当你向你的大脑提出一个明确的问题时，它就会开始埋头苦干，为你找出答案。

　　为了激发自己的创造力，夏普以一种令人惊讶的笨拙方式迈出了第一步：选择一个大小合适的纸盒。你的无意识的大脑相当于一个需要燃料的引擎，夏普把可能激发其灵感的东西都放进纸盒里，以此为自己的项目收集素材。在她眼里，没什么是废物：录像带、图书、艺术作品、破损的杂志和新闻剪报都被收集在一起。根据以往经验，夏普知道自己需要很多灵光一现的时刻来设计篇幅较大的舞蹈动作。盒子不仅是一种象征，也是非常实际的行动，它能将创造性的幸运转化为可执行的日常习惯。

　　在漫长的职业生涯中，夏普已经意识到，创造力并不是上天的恩赐，而是认真准备和不懈努力的产物。她写道："在我看来，我的工作习惯适用于任何人……我是个坚持做好准备工作的人。我的日常生活都带有某种交易性质，我一天中发生的每件事都是外部世界与内心世界之间的一种交易，每件事都是素材，每件事都密切相关。"[3]

　　夏普的理论得到了匈牙利裔美国心理学家米哈里·契克森米哈赖的研究支持，他曾表示，如果你想更有创造力，那就不要把注意力放在创造力上。相反，在产生新想法之前你要专注于一些基础工作。他指出，如果你打下了这些基础："那就完成了大部分工作……一个人的创造力必然将开始更加自由地流动。"[4]

　　本章重点在于帮助你进行独特又有效的工作实践：培养创造性习惯。这些习惯将与你在"好奇心"一章中收集到的认知燃料一起，把你脑中偶然冒出的想法转变成你可以每天练习的技能。崔拉·夏普的创造性仪式来源于深刻的经验、实验和错误，以及几十年来必须按要求想出好主意的压力。在本章中，你会发现，科学研究和经过检验的实践能让你更快达到目标。

我该如何开始？

不浪费任何东西

我知道这听起来有点怪，但我觉得夏普的纸盒很有启发性。纸盒让创造力大众化了，因为任何人都可以找到一个盒子，任何人都可以往里面扔东西。想想你在提问舞步中发现的问题，你会如何通过建立自己的潜在思想库来解决问题？它并非得是个实体的盒子。如果你像夏普一样（她是在前数字时代形成的习惯）是个老派的人，那你可以指定某个文件夹、抽屉或橱柜扮演这一角色。菲尔·蒂皮特是一名动画师和怪物制作者，曾参与《侏罗纪公园》《星球大战》等电影的拍摄工作。他的工作室里堆满了他所谓的"垃圾和乱七八糟的东西"，这些都是他在海滩和二手商店发现的，有的甚至是他的孩子们制作的，都是些能激发灵感的东西。他把它们当作有形的灵感，用来创造我们喜欢的电影中的神奇物种。他把他的"前灵感"思维注入一系列剪贴簿中，他将其称为"灵感生成器"，每一页都代表一个灵感或一种感觉。当他需要灵感的时候，就会迅速翻阅这些剪贴簿，直到他认为："我想到了！"[5]他的剪贴簿就是他大脑活动的视觉呈现，它们使得他能够获取不同的信息，并将这些信息分解，然后以不同的形式重新组合在一起。

同样的方法也适用于网络。我的妻子索菲使用Pinterest（美国热门图片分享网站及APP）的"图片墙"（你可以在上面"钉"上你的数码照片的页面）来选择我们的家庭度假目的地。我在笔记和归档应用程序"印象笔记"的帮助下创作这本书，每当我看到有趣的东西，就添加到"印象笔记"中。我存了大量智能手机上的图片、文字、音频笔记、文章和网页，分别用于我正在进行的不同项目。没什么是废物，无论我读到什么，听到什么，看到什么，都可以立即存起来，以备将来参考（还能神奇地同步到我所有电子设备上）。这些东西并不是全都有用，也不是所有这些都需要存起来。当你浏览收集到的各种信息时，你会惊讶于脑子里冒出来的各种想法，这就像是在和过去的自己进行头脑风暴。在创造过程开始之后，这一技巧同样有效。富有远见的丹麦建筑师比雅克·英格斯描述了他的团队构思新建筑的过程："我们尽可能将设计过程中的许多方面具体化。我们会在巨大的木板上搭建很多东西，因为如果你有大量材料可供使用，那你就真的需要为想象力创建真实的载体。"[6]

人类实验

藏宝

在你看来，夏普纸盒最实用的版本是什么？照着做一个，为你的创造性战利品选一个藏宝地。

创造性习惯

回归某个创造性项目比开启一个新的容易。不过，这一过程中还是有需要面对和克服的心理障碍。分心、拖延、对失败的恐惧和对你自以为是的小小警告（我怎么能去尝试这个？大家会怎么看我？），都会让你付出代价。你需要找到能让你一次又一次重新开始的方法。崔拉·夏普每天做的第一件事就是打车去当地健身房，锻炼2小时。她说，当她坐在纽约黄色出租车后座上时，就已经开始思考一天的创作计划。不管喜欢与否，她都已经开始这一创造过程。对她而言，这能消除焦虑。她详细解释道："第一步异常艰难。"为了走出第一步，她依靠的是"……在创作过程开始时那种自发的、坚定的行为模式，那时候你最容易回头、退缩、放弃，或走错路"。在夏普看来，把某件事变成一种习惯，能打消这种疑虑："我为什么要这么做？"

习惯不仅能打破僵局，让你每天都有所行动，还能保存你的创造能量。阿尔伯特·爱因斯坦经常穿相同的旧毛衣和宽松的裤子。跟爱因斯坦一样，脸书创始人马克·扎克伯格也常穿同一款灰色T恤去上班。对于这一解决方案，我并不完全认同，但我确实理解其中的逻辑：确保你的精力投入到最有价值的地方——你的创造性思维。

> ### 人类实验
>
> #### 培养你自己的创造性习惯
>
> 在写作的日子里，我的"圣礼"是早上6点闹钟响，进行10分钟冥想，吃一份荷包蛋搭配吐司，在厨房制作一杯至关重要的泡沫浓咖啡，然后把它放到电脑显示器旁的桌子上。接下来打开Word文档，开始写作。我尽量避免胡思乱想，不去想这些话写在这里是否合适，或写出来的东西是否正确，只是埋头写作。你能培养一些什么习惯来节省时间，打败拖延症，并让创造性行动变得容易起来呢？

创意从何而来？

关注意料之外的事物

管理学大师彼得·德鲁克认为，创新性人才是能关注到任何意料之外、不寻常或完全陌生事物的人。以美国工程师珀西·斯宾塞为例，

1945年，他着手测试雷达内部强大的真空管。斯宾塞喜欢吃方便零食，所以他总是随身携带一块花生酱巧克力。当他迫不及待地把手伸进口袋去摸巧克力的时候，他摸到了一团黏糊糊的东西。原来，他的花生酱巧克力融化了，但他不知道为什么巧克力会融化。出于好奇，他买了一袋爆米花，把它举到身旁的机器前，他之前就一直站在它旁边，结果爆米花炸开了。珀西对这一奇怪现象十分感兴趣，但他的同事们却不以为意。第二天早上，为了更好地吸引他们的注意力，他带了个鸡蛋来工作，并把它放到了机器顶部。正当同事们疑惑地看着他的时候，鸡蛋因受热过度炸了。珀西让他的同事们"颜面扫地"的同时，也意外发现了一种在几秒钟内烹饪好食物的方法。后来，他和他的雇主雷神公司为"雷达炉"申请了专利。这台雷达炉重达340千克，高近2米，它就是世界上第一台微波炉。[7]

只需注意到一些不寻常之处，就能孕育出很多创意。众所周知，英国微生物学家亚历山大·弗莱明不小心把培养皿遗忘在了工作台上，因此发明了盘尼西林（青霉素）。我们不应该忘记，几十年的细菌研究工作塑造了弗莱明的思维，这使得他能够停下来，弄清楚这个意想不到的现象到底是怎么回事。同样，如果乔治·德·梅斯特拉尔没有成熟的电子工程师思维，很可能会错过属于他的重要时刻。一次在瑞士阿尔卑斯山散步回家的路上，他注意到他的狗身上沾满了带刺的种荚。通过显微镜观察，他发现这些细刺上都有个小钩子，这一发现促使他为一种名为"维可牢"的衣服搭扣申请了专利，梅斯特拉尔后来还因此成了百万富翁。[8]

美国诗人拉尔夫·沃尔多·爱默生曾说过："人们只看他们准备看的东西。"[9]心理学家显然认同他的这一说法，他们认为，当你被一个问题困扰时，你的潜意识里会留存下未解决的思路，这被称为"失败索引"。即使你没有有意识地思考这个问题，你的大脑也会自动寻找解决方案，这意味着，你偶然找到某个解决方案并非因为运气，而是拼图上的碎片咔嗒一下嵌入了正确位置。正如法国生物学家路易斯·巴斯德所言："在做观察工作的时候，机会只青睐有准备的人。"[10]

人类实验

充分利用"运气"

下次当你看到意想不到、不寻常或完全陌生的事物时，请使用弗莱明、斯宾塞和德·梅斯特拉尔提出的三个问题，仔细调查和重新定义你所看到的东西：

- 为什么会发生这样的事情？
- 它是怎么发挥作用的？
- 现在发生的事情在不同环境下也会有效吗？

正是在这些充满创造性思维和疑问的时刻，我们才会产生最佳创意。

关掉自动驾驶仪

人生的很多时间都花在了自动驾驶上。我们在开车上班、搭公共汽车、吃饭的时候都不进行思考，我们的注意力放在了别处。哈佛大学心理学家埃伦·兰格的研究对象则是与此相反的心理状态：专念（一种我们在专注舞步中已经遇到过的状态）[11]，这是一种积极观察的状态，是完全活在当下的状态。兰格认为，这种专注的意识状态与以更有创造性的角度看待世界之间关系明确："专念就是发现新事物的过程……想要成为真正的艺术家，就要专心致志。"凯斯·索耶是创造力研究方面的顶尖科学家之一，他对此也表示赞同："想要获得更强的创造力，你必须停止对自动驾驶仪的依赖，开始集中注意力。"[12],[13]

日常发挥创造力的关键在于，当你发现不寻常和有趣的事物时，要适时调整你的思维雷达。匈牙利生物化学家阿尔伯特·圣-捷尔吉是第一个分离出维生素C的科学家，他完美描述了这种丰富的意识形态。他写道："发现就是看到别人都看到的东西，却能想到别人没有想到的东西。"你可以再深入思考一番，等到下次的发现时刻，你或许就能意识到你的大脑正在做些什么。这能让你有的放矢地投放注意力，极富创造力的传奇研究心理学家米哈里·契克森米哈赖将这种能力称为"控制注意力"。[14]

为了帮助你培养这种习惯，下面我将分享四个重要的象征物，我就是利用它们来识别重要的认知模式：

1.灯塔：这是你寻找灵感的时候。你就像灯塔，照亮黑暗，寻找新的人、数据、问题、麻烦、景象、声音和气味。这是你努力创新的燃料，你在学习舞步阶段也在使用这一模式。

2.激光：这是你在容易分心的世界集中注意力的时候。你的注意力就像激光光束一样狭窄而强烈，集中照射在某个特定问题或工作项目上。这就是我在专注舞步中描述过的状态。

3.风筝：这是你做白日梦时的时候。你的思维就像风筝一样，被你的思想和周围的世界吹上天，这是人脑的默认模式。如果不加以控制，它可能会有害。如果加以利用，它将是人类创造力不可或缺的组成部分。这是灵光乍现的"黄金时刻"。

4.旁观者：这是你最清楚自己是如何思考的时候。你就像个旁观者，退后一步，冷静地监控自己的想法。这种有意识的自我意识有时候被称为元认知或"对思考的思考"，它能培养你在任何特定时刻选择你所需要的思考状态的能力。

🚹 人类实验

对思考的思考

无论你一天当中是在购物、上网、看新闻还是烹饪，都不要忘记问问自己正处于哪个状态。例如，看奈飞纪录片的时候，你可能处于灯塔模式。写报告的时候，你可能打开了激光。特别关注一下你的思维变成风筝放飞，并带来一些变化的时刻，这一刻尤其有趣。你需要利用这些不同的认知设置来释放你的创造潜力，当你熟练掌握这些模式时，你就能控制它们，甚至能将它们有机融合在一起。神经科学让我们知道，有创造力的人并不是某个单一状态的化身，他们已经开始凭直觉融合一些看起来不搭的状态：放飞思维与专心致志，专念与白日梦，自觉与理性。[15]

不要只是思考，学会感受

通用电气高级工程师道格·迪茨陷入了困境，他的团队正全力设计一种价值数百万美元的核磁共振成像机器。[16]核磁共振成像机是大型医疗设备，医院用它来检视你的身体内部情况。做这项检查时，你会被推到核磁共振成像机前端的筒状隧道里，接下来，你要一动不动地躺在这个狭小的空间里。机器工作时会发出巨大的撞击声和摩擦声，即使是成年人，也会感到怪异和畏惧。道格和他的团队正在设计一种适合儿童使用的核磁共振成像机。接受核磁共振检查时，孩子们必须坚定地躺着一动不动，医生才能拍出清晰的图像。这是个巨大的挑战。毫不意外，孩子们不喜欢狭窄的空间，也不喜欢可怕的噪音，而这意味着很难为他们拍出清晰的图像，因此，孩子们不得不重复进行核磁共振检查，打乱医院对机器宝贵工作时间的既有安排。出于无奈，医生最后不得不例行公事地给孩子们服用镇静剂，以便完成核磁共振扫描。

为了寻求突破，道格参加了斯坦福大学的设计思维课程。他发现，导师们建议在设计中运用人类独有的共情技能，也就是理解和分享他人感受的能力。他们的研究表明，这几乎一直是解决人类问题时需要迈出的第一步。悟性高的设计师会通过站在产品用户的角度换位思考来激发创造力。用禅宗的话来说就是，设计师以一种谦卑的"初学者心态"，从他者的角度去体验产品。这只能通过密切观察来实现。它能让你跳出这样的智力问题框架："谁是我们的理想客户"和"她为什么想要我们的产品"，提出更深层次的问题："是什么让她高兴或沮丧""她真正关心的是什么"以及"她收获了什么益处"。

作为一名工程师，道格的思维通常倾向于用技术解决问题，然而，共情让他走上了一条不同的道路。他对一家日托中心的孩子们的玩耍情况进行了观察，并与儿科医学专家展开交流，他甚至还拜访了一家儿童博物馆的馆长。这样做既没有消耗太多人力和物力，又取得了非同寻常的效果。他的团队没有花费数百万美元就让核磁共振成像机变得更安静、更高效，他们只是给机器涂了个色。他们对略显恐怖的机器进行了一番涂装，让它看起来像一艘海盗船，然后再搭配上一点想象力：他们给协助核磁共振检查的护士编了个故事，让护士们悄悄告诉孩子们，他们即将展开一场冒险，因此需要他们静静地躺着，这样才能避开海盗，找到宝藏。利用这一游戏概念，这种低成本的简单解决方案将一个令人讨厌的检查过程变成了一场游戏。结果，镇静剂的使用频率减少，机器的使用效率增加，病人的满意度提高了90%。一个小女孩甚至问她的妈妈能不能再做一次检查。

🧍 人类实验

换位思考

你怎样才能通过换位思考为他人解决问题呢？你如何能在产品体验的换位思考过程中代入初学者思维？你可以通过观察谁以及跟谁交流来获得感受体验，而不仅仅是思考？

人类首席共情官

人工智能擅长通过在线购物、浏览记录和点赞行为来解读人类行为。现在，我们很容易见到不堪重负的家长用iPad来哄孩子，而这就是任由算法牵着我们的手从摇篮走到坟墓的前兆。在现实世界中，人工智能机器人正成为我们忠实的陪伴者。赫特福德大学的乔·桑德斯博士正从事这一新兴领域研究，为越来越多的老年人提供"护理"机器人。他研发的机器人大约高1.2米，取名为"胡椒"，它会唱歌、说话，甚至还能为老年人跳舞。科学家们正就如何让机器看护人实现共情展开竞赛，这一点毫不令人意外。然而，重要的是不要忘记，人工智能表现出来的共情是假的。人工智能是数字版的人类精神变态者，精神变态者善于阅读和操纵情绪，却不具备共情能力。他们的内心很难被打动，人工智能也是如此。[17]桑德斯博士也承认："在很多方面，机器人可以表现出共情，有所帮助。而且，老年人也很有可能与表现出共情的机器人建立某种关系，但是，机器人当然不会主动跟他们建立任何关系。因为，它们只是机器。"[18]

我认为，即使护理行业未来被机器人改变，人类仍将是真正的首席共情官。这意味着，那些对他人的言行和感觉更有感受力和协调能力的人，将会获得切实的好处。共情除了能提高解决问题的能力，也是情商的核心组成部分，而情商是一种更广泛地利用情感信息来指导思维和行为的能力。[19]研究表明，在许多行业和职业中，共情能力对成功有着强大的影响力。创造力领导中心对来自38个国家的6731名领导者进行的一项研究显示，其共情能力与工作表现呈正相关。调查还表明，共情能力更强的初级管理者才是商界领袖眼中的优秀员工。心理学家丹尼尔·戈尔曼创造了"情商"一词，他曾表示，没有情商的人是"情感音盲"。

就好奇心和创造力而言，值得高兴的是，我们可以有意识地培养共情能力。第一步是模仿成功的导师、咨询师和心理治疗师，成为优秀的倾听者，这需要你完全专注于你所听到的内容和由此产生的情感共鸣。高级管理教练会不时复述演讲者所讲的内容，以此反复检查自己的倾听能力，达到训练自己的目的。这种"回放"看似十分简单，却效果惊人，它能有效解决争端。以劳资纠纷为例，如果双方在发表自己的意见前，都重复一遍对方刚刚说过的话，那么能节省一半解决纠纷的时间。[20]

大多数人天生就有共情能力，但是，我们要明白，环境可能会阻碍这一能力的发展。所以，如果你还在努力做到时刻关心他人，那就加入我们的行列吧。你只需要花5分钟看看推特上讨论英国脱欧和唐纳德·特朗普的各种可笑的话题组和毫不留情的人际互动（至少那些不是人工智能自动程序的功劳），或是至少考虑一下美国前总统巴拉克·奥巴马提出全球"共情缺失"的说法可能是正确的。[21]坚持发挥共情能力是值得的，即使是在你不得不强迫自己共情的情况下。警方的谈判专家接受过严格训练，即使他们内心鄙视罪犯，也要与劫持人质者实现共情，与之建立密切联系。然而，许多谈判专家报告说，经过几个小时的伪装后，他们开始对罪犯产生真正的共鸣。假装关心似乎会导致真正的关心。[22]

人类实验

成为X光式倾听者[23]

这要求你留意说话者眼中的非语言线索、细微的面部表情和肢体语言，听得到弦外之音。你可以在每次对话时练习这一技能。我知道这听起来有点怪，但你或许可以试试把电视音量调低，然后看10分钟电视，猜猜电视里的人是如何传递情绪的，以及他们在传递什么样的情绪。

我怎样才能摆脱困境？

我有幸在很多激励人心的地方设计并推动了领导力项目。我们走访了蓬勃发展的食品市场，参观过旧金山的创新博物馆，以及伦敦各大科学、设计和历史博物馆，拜访过脸书和硅谷其他科技公司，曾与支持困难社区的少数族裔创业的慈善机构合作，也曾在大风呼啸的海滩边静静漫步，还曾在上海市区穿行，考察巴黎的《厨艺大师》工作室，在洛杉矶的太空天文台凝望过天空，在法国中部的维埃纳河上划过独木舟，在纽约的高线公园散过步，还曾在剑桥大学和牛津大学神圣的学堂中留宿，在特内里费海岸观赏过鲸鱼，在霞慕尼小镇攀登过阿尔卑斯山。我们去这些地方并不是为了累积飞行里程或好玩，虽然我们确实累积了不少飞行里程，也享受了很多乐趣。对于我将一些旅行称为"工作"，我妻子就经常表示怀疑。不断涉足新的地方也是学习的关键所在。研究表明，你所处的环境——你看到的、听到的和观察到的——对你的思维方式有巨大影响，尤其是对你的创造性思考能力。

在一个新地方待一天就能改变你的大脑。在一个不同的地方生活更是大有好处。部分时间生活在国外的人在创造性思维测试中得分更高。一项针对时装公司的时间跨度为21个时装季的研究表明，最具创意、最成功的公司都拥有全身心投入海外事务的时尚总监。[24]、[25]、[26]已故时尚偶像卡尔·拉格斐就是个很好的例子：他出生于德国，父亲是瑞典人，经常往返于意大利和法国之间工作。《离经叛道：不按常理出牌的人如何改变世界》一书作者亚当·格兰特也证实，体验新鲜的地方会产生惊人的效果："不同文化催生新的标准、价值观和看待事物的方式……无论你什么时候遇到难题，都有一套额外的资源可以利用。"[27]

👤 人类实验

改变视野

你可能没有机会去另一个国家生活，但我们大多数人可以去另一个城市看看，换一条不同的路线去上班，抛开封闭的度假村，去更广阔的地方冒险。你甚至都不用这么费心，只需要去逛逛博物馆，就可以来一次穿越时空的旅行，或是在小说、戏剧和电影中体验各种陌生的环境。在我针对广告和设计公司进行的创造性领导力研究中，我常用的一个研究方法就是把工作团队派到画廊（或酒吧）去。养成探索新奇地方的习惯，可以为你的能量库重新注入能量。

人类实验

用不同的方法做事

你也可以将这种求新求变的思维运用到最寻常的事情上。对日常生活进行一些简单的改变，就能产生一些创造性认知。西蒙娜·里特博士是荷兰奈梅亨市拉德堡德大学的一名心理学家，她发现，即使只是改变你做三明治的常用方法，也有助于提高你的创造力。[28]

睡眠有什么帮助？

长期以来，我们一直在猜测，当我们闭上眼睛睡觉时，会发生什么事情。这是心理学和神经学研究的一个热门话题。我们已经知道，创造力极其强大的人比普通人睡得更多。一次高质量的小睡就能将我们的创造力提升1/3。[29]这是因为睡觉时，你的大脑正在解析你这一天所看到的东西。在睡眠的第一阶段——也被称为非快速眼动睡眠阶段，大脑会回放并巩固记忆，它会用通用符号来代表特定的细节。例如，如果你去参加一个生日聚会，你的大脑可能记不住每一个细节，但过后你就能把气球、蛋糕、礼物盒这些生日概念联系起来。

当你进入更深层次的完全快速眼动睡眠阶段时，你的神经元开始活跃起来，就像在开派对一样。夜间创造力由此产生。这一刻，你的大脑处于异常活跃状态，使得神经元与不同的想法和事实之间更容易建立联系。卡迪夫大学的佩妮·刘易斯教授针对快速眼动睡眠和非快速眼动睡眠对创造力的影响进行了研究。她建议："显而易见，如果你正着手解决一个棘手的问题，就要保证晚上有充足的睡眠。"她还补充道："尤其是当你正在做一件需要跳出思维定式的事情的时候，或许不应该急于求成。"[30]

这一建议获得了大量的事实支持。在一次从纽约飞往伦敦的飞行过程中，恐怖小说家斯蒂芬·金曾一身冷汗地从睡梦中惊醒。醒来之前，他一直在做噩梦，梦到一个著名小说家被一个精神病粉丝绑架了。他顺手就把这个梦记在了航空公司提供的餐巾纸上，这个梦后来发展成他最成功的小说之一——《危情十日》。[31]保罗·麦卡特尼曾透露，有一次做梦时，一段忧伤的旋律出现在他的梦中。他醒来后立即用床边的钢琴弹奏出一曲和弦，谱写出美妙的旋律，这一意外发现的过程使得《昨天》这首歌如此特别。[32]超现实主义画家萨尔瓦多·达利非常善于捕捉自己的幻想，他会故意用一把置于金属板之上的钥匙把自己弄醒。当他失去知觉的时候，手里握着的钥匙就会掉到金属板上，把他惊醒。发明家托马斯·爱迪生也用同样的方法捕捉灵感，他打盹时手里会握着钢球，当他睡着时，钢球就会咚地掉到地上。你的潜意识拥有巨大的创造力，但却难以控制。你可以把它想象成强大却任性的大象，从睡梦中醒来的那一刹那就是千载难逢的良机。就在这一刻，你的意识可以暂时驯服大象，促使它展示你的奇思妙想。

人类实验

睡一晚再说

当你被一个问题困住的时候，试着花点时间来解决它，尤其要注意把握你刚睡醒那一刻的时机。在这种半梦半醒状态下，事物之间不成体系的联系特别容易在你的大脑中碰撞出火花。[33]试着将出现在你脑海中的事情记下来，在床边放一个笔记本大有好处，如果你半夜醒来，脑子里冒出个有趣的想法，就能很方便地记下来。[34]

人类实验

咨询睡眠委员会

自然入睡就已经很有帮助了。不过，你还可以给你睡眠中的大脑一点善意的提示，不妨在睡前再提醒自己一遍想要解决的问题。1993年，哈佛大学的一项研究发现，如果实验参与者在入睡前问自己一个问题，一半的参与者会梦到这个问题，其中1/4的人还会在梦中找到答案。想要协助你的潜意识，可以在晚上看一些能启发灵感的书，小说或非小说作品都可以，任何能激活你的思维、提供新信息，为快速眼动睡眠连接做好准备的东西都可以。正如美国小说家约翰·斯坦贝克所写的那样："我们通常都会有这样的经历，头一天晚上还很棘手的问题，经过睡眠委员会一晚上的研究，第二天早上就能解决了。"

想做就做！

把新想法付诸实践不是件容易的事，尤其是当你跟你认为更聪明、更有成就或更有经验的人在一起的时候，更难让新想法变成现实。20世纪60年代末，喜剧演员埃里克·艾德尔加入英国喜剧巨蟒剧团后，明显感觉到自己无法胜任剧团工作。艾德尔喜欢按照自己的节奏独自创作，而剧团的其他成员喜欢集体创作。他们会聚在一起，投票选出哪些幽默短剧能够入选知名电视节目。艾德尔独力创作的习惯意味着他只会得到一票，他承认当时的情况十分艰难："你必须说服另外五个人，他们也不是平庸之辈。"他坚持了下来，从他的音乐偶像甲壳虫乐队的吉他手乔治·哈里森身上汲取了力量。哈里森和艾德尔一样，也生活在别人的阴影下，乐队的另两位成员列侬和麦卡特尼创作了乐队的大部分热门歌曲。令人鼓舞的是，在不被众人看好的情况下，哈里森仍然创作出乐队最好的歌曲之一《日出》。[35]

我们要记住，大多数伟大的想法，在第一次提出的时候，都会招来一阵哄笑。在你的脑子里列一份曾经惨遭拒绝的聪明人的名单，有助于你增强自信。观众们曾经不知道该如何评价贝多芬的《第五交响曲》，但现在它已成为一首重要曲目。在凡·高的一生中，他的画作几乎都卖不出去，他只能用它们来换取食物或绘画材料，可是现在，它们的售价高达数百万美元。[36]史蒂夫·乔布斯和史蒂夫·沃兹尼亚克仅凭两人之力创办苹果公司，只因为当时其他人认为创办这么一家公司是一场灾难。他们极力向其他公司的主管兜售新公司的股权，包括游戏公司雅达利（乔布斯曾在这里工作过）、惠普公司（沃兹尼亚克曾在惠普担任工程师），甚至还有一家为他们第一批电路板提供零部件的制造公司的老板。[37]但所有人都拒绝了他们。当苹果成为第一家市值一万亿的公司时，这些曾经拒绝他们的人很可能后悔不已。J.K.罗琳的《哈利·波特》系列曾经至少被12家经验丰富的英国出版商拒之门外。[38]其中有的出版商还在退稿信里批评说故事太长了，而且因为故事发生在一所贵族寄宿学校，会引起"普通"读者的反感。然而现在，光是猜测罗琳从《哈利·波特》系列电影中挣得多少净资产，都已经发展成网上的一个小产业，大家普遍认为，这一系列作品使她成为第一位收入过10亿的作家。

如果你真的相信某个想法，就得承担被拒绝和嘲笑的风险。你要相信自己的才能，勇敢尝试。对我们大多数人来说，可能没法创造苹果公司或《哈利·波特》那样的辉煌。更多时候，坚持和勇气仍会带来重要的个人创造性成功，只是动静不会那么大。如果埃里克·艾德尔不相信自己的直觉，就不会建议用一首歌作为1979年的电影《万世魔星》的结尾。让我们对他所做的表示一点感谢吧，这促使他创作出一首极富哲理又令人捧腹的热门歌曲《总是看到光明面》，这首歌不仅成为经典幽默歌曲，也是英国最受欢迎的葬礼歌曲。

创造性行为很容易受阻。你不知道它们会把你带向何处，更重要的是，你不知道它们能否成功。它需要你有投身未知领域的勇气。美国小说家安·拉莫特就曾表示："很多作家只有在真正完成创作后，才知道自己在做什么。"[39]只有相信自己的行动，才能有勇气开始。创作第一稿文章，完成第一个版本，进行第一遍总结，或是迈出第一步，总是最困难的。例如，在创作本章内容时，我尝试了很多种呈现方式，最终才有了你们现在看到的章节内容。要把想法付诸实践，你只需要怀抱最好的期望，放手去做就好。这是一个痛苦的过程，因为初次尝试免不了碰壁。这会立刻激起你的恐惧心理，害怕因此暴露自己的无能和脆弱。

关键在于开始行动的时候，要想办法减轻自己的压力。我总是提醒自己，不管初稿有多糟糕，在我准备好分享它之前，没人会看到它。恐怖小说家斯蒂芬·金在回忆录《写作这回事》里，用"扒裤子游戏"形容这种痛苦的开始阶段，因为这时候你完全是在凭直觉行事。[40]如果你能以最基本的方法整合你的想法，忍受糟糕的初稿，情况通常会自此得到改善。《唤醒创作力》一书的作者朱莉娅·卡梅伦既是剧作家，也是诗人，她每天早上都会写作，从不间断。这些"晨稿"的创作毫无计划可言，通常是随便写三页东西。她表示："在我写下这些文字的时候，新的想法就开始冒出来。"[41]

无论你想要创造什么，你都需要开始。手忙脚乱的第一次尝试，至少能让你认清什么有效，什么无效。相比之下，第二次尝试就会有显著进步。然后，在第三次尝试的时候，你可能就只需要做一些优化和微调了。不管是写一篇难写的散文，还是编一段舞，创建一个工作模式，或是开启一个新项目，打破不安和恐惧的坚冰至关重要。诺贝尔文学奖得主、小说家威廉·福克纳曾建议道："除非你有勇气远离海岸，否则你无法游向新的彼岸。"

我们在本章开头引用了著名画家、摄影师查克·克洛斯的一句话，他还说过："……在某种意义上，过程是一种解放……你不必每天重复发明轮子……至少在一段时间内，你可以埋头工作，不管其他的事情。如果你坚持下去，就会有所成就。"[42]在本章中，我们重点关注了基础性工作，它能为启发性思想注入能量。在创造力的第二个舞步中，我们将探索如何长期保持创造力。

要点回顾

● 创造力并非天赋异禀，而是认真准备和不懈努力的产物。

● 不要专注于表现创造力，而要把精力投入到创意尚未形成时候的基础工作上。

● 创造性习惯会把偶然冒出来的想法变成你每天都可以练习的

技能。

● 缺少提问会导致做出未经检验的决定和无意义的事情。

● 如何开始……

◎ 在实体空间或网络上建立一个能激发创意的宝库。

◎ 不要害怕糟糕的初次尝试，相信你的才能，开始就好。

● 如何拥有更多创意……

◎ 密切关注意料之外、不寻常的事物。

◎ 关掉自动导航系统，认清你的思维状态（灯塔、激光、风筝，还是旁观者）。

◎ 通过X光式倾听和观察情绪培养共情能力。

● 如何摆脱困境……

◎ 改变你所处的环境和常规的行事方法。

◎ 通过睡眠来发挥潜意识的神奇力量。

👤 人类实验：现在开始……

准备、开火、瞄准

商业作家汤姆·彼得斯建议，创造的过程应该是："准备、开火、瞄准。（而不是准备、瞄准、瞄准、瞄准……）"[43]开始一个创意项目的最简单方法是什么？任何行动都会有所帮助：在电脑里创建一个文件夹，用来保存未来的草稿；给朋友发短信说说你的想法；给项目取个名字（以我的经验来看，这个名字会改很多次）；或是在记事本上列出需要的东西。

为什么不试试在接下来的一周里，每天留出30分钟时间，把你的想法写在日记里？不管是什么想法，想做就做，就像耐克的广告词说的那样。德国作家、政治家约翰·沃尔夫冈·冯·歌德曾对此做出诗意的阐释："无论你能做什么，或梦想能做什么，只管放手去做吧。勇气中蕴含着天赋、力量和魔法。"只有一条路通向创造力，它始于向未知迈出的一小步。

创意就像兔子，你只要有一对，并且学会怎么照顾它们，很快就能有一窝。

——约翰·斯坦贝克，小说家[1]

第9章　增强竞争力

如何借用创造力巨星的秘诀，激发更多创意

超级力量：**创造力**

舞步：**火花**

启发性问题：

- 我怎样才能发挥我的创造潜能？
- 我怎样才能随时产生更多创意？
- 我怎样才能将一个个小创意串联起来，发展成大创意？

4C价值：随时产生更多创意

一个11岁的男孩正思考着自己的困境，他坐在法国小村庄古普弗雷的一个忙碌的马场里。这个小男孩很想读书，但早在他还是个蹒跚学步的孩子的时候，他爸爸的作坊里发生了一次事故，他从此失明了。这时，他的朋友把一个松果放在了他手里。[2]当他的手指划过熟悉的木头似的漏斗状松果时，脑子里突然冒出一个想法。如果他能把字母在纸上转换成一个个凸起的点，摸起来感觉就像有疙瘩的松果，会怎样？他也许就可以用指尖来阅读这样的文字了。那一年是1818年，这个男孩的名字是路易斯·布莱叶，他将自己的思考和手里的东西联系起来，创造出布莱叶盲文系统，至今仍有无数盲人通过它实现了独立阅读。[3]

布莱叶将两种不同的东西融合在一起，创造了全新的东西，这是你大脑的本职工作。在上一章中，我们对激励舞步展开了探索：产生和意识到你的创造力所需的心理和身体准备。在本章中，我们不仅会探索将一种创意转化为多种创意的各种显而易见或不那么明显的途径，还会探讨如何将这些创意编织在一起，创造出创造性生活。

更多，而非更好

多项研究表明，从建筑到麻醉学，从烘焙到生物技术，从临床心理学到烹饪……在生活的各个领域，超过一半的突破性发展都是由该领域前10%的人造就的。[4]这些人在各自领域都是著名的创造力巨星，而且他们都有一个简单却无比强大的秘诀。看看下面的列表，看你能否从中猜出这个秘诀：

● 数学家保罗·埃尔德什与人合写了1500多篇研究论文。

● 巴勃罗·毕加索创作了大约2万幅画作。

● 恐怖小说家斯蒂芬·金创作了50部长篇小说和大约200篇短篇小说。[5]

● 约翰·塞巴斯蒂安·巴赫每周创作一部乐曲。[6]

● 阿尔伯特·爱因斯坦发表了248篇学术论文。[7]

● 托马斯·爱迪生申请了1000多项专利。

● 埋查德·布兰森以"维珍"这一品牌创建了大约100家公司，而且这支队伍还在不断扩大。[8]

你或许认为，想通过效仿创造力巨星获得成功，就要追求最高价值的创造力。这听起来似乎颇有道理，但问题是，这其实根本行不通。顶尖的企业家、艺术家和科学家之所以成功，不是因为他们比大多数人有更好的想法，而是因为他们有更多想法。他们的思维模式是：量变导致质变。他们在人生的轮盘赌桌上更广泛地下注，以增加中头奖的概率。

法国哲学家埃米尔–奥古斯特·沙尔捷曾经说过："没有什么比只有一个想法更危险。"[9]这让我想起了经验丰富的赌徒和投资者的智慧。他们非常清楚，他们的大多数赌注都无法兑现，因此，他们需要建立一个投资组合。伟大的创造者们的人生证明了这一真理。尽管毕加索的作品数量惊人，但让人们记住的主要是反法西斯的黑白画作《格尔尼卡》和其他数量相对较少的系列作品。爱因斯坦仅因4篇有关相对论的论文就收获无数赞誉。埃尔德什有影响力的数学成就屈指可数。大多数评论家认为斯蒂芬·金的《闪灵》和《死光》是其最好的作品，他的大多数作品都成了陪衬。16岁时，布兰森辍学开始了他的第一次创业——创办了一本学生杂志。这次创业很快以失败告终。后来，他花了漫长的50年时间才成为亿万富翁，在此过程中，他创办的维珍婚礼、维珍可乐和维珍汽车，都曾经历商业上的失败。[10]

一个令人惊讶的事实是，无论是在科学、商业，还是音乐领域，我们的创造力偶像们创造的大部分东西并不比我们自己创造的更好，或者至少可以说，并不比他们同时代的人创造的东西更有价值。但是，因为他们开启了如此多具有潜力的项目，甚至在他们放下笔记本之前就可以扼杀掉最没有希望的创意。较高的产量意味着仍有足够多的创意可以投入实践，从而增加其成功的概率。通过推开无数张创意之门，创造力巨星们极大地增加了另辟蹊径、发现不寻常或有趣事物的机会。当然，庞大的产出数量离不开决心的支持。创造力巨星们清楚自己得拥抱失败，然后继续前进。D.B. 威斯是全球热播剧《权力的游戏》的联合创作人和制作人，这部剧集改编自乔治·R.R.马丁的系列奇幻小说。他也承认："许多年来，我一直在经历失败，这可以说是我人生历程的基石。"[11]

这种"越多越好"的方法适用于所有需要发挥创造力的领域。皮克斯动画工作室的动画师们为其热门动画电影《机器人总动员》制作了10万多个故事板，其中许多场景和情节设计都没有用上。但是，正是因为付出了这样巨大的努力，才得以呈现最终的故事形态。[12]自由插画家们向《纽约客》提交插画的过程，同样要经历这样广泛的筛选。每周，大约有50名自由插画家分别向杂志编辑发送多达10幅草图，供其选择。然而，在他们点击"发送"之前，每名自由插画家实际可能已经酝酿出大约150幅草图，他们只是从中挑选出了10幅发送。这种达尔文式的出版过程大概是这样的：自由插画家们构想出7500幅草图，提交500幅，其中12幅被杂志选中出版。[13]

迪恩·基思·西蒙顿既是心理学家，也是加利福尼亚大学的教授，他想要弄清楚科学家们是如何成为各自选择的科学领域的领军人物的。为了更好地研究这一问题，他建立了一个数据库，里面收录了世界上最著名的科研人员的信息。毫无疑问，他发现量变导致质变这一原理在科学界同样行之有效，但他同时也发现了一个有趣的悖论：超级科学家之所以比普通科学家发表了更多不重要的论文，仅仅是因为他们实在写得太多。[14]事实证明，富有创造力的巨星也会制造出没用的东西、差强人意的失误和彻底的失败，他们似乎会比我们其他人经历更多失败。难怪曾先后获得诺贝尔化学奖和诺贝尔和平奖的莱纳斯·鲍林曾表示："产生好创意的最佳方法是酝酿很多创意。"[15]

融化冰块

为什么有些人在一生中会变得更有创造力，而有些人则会失去这种天赋？让我们从头说起吧。在你还小的时候，所知十分有限，你的思想就像一杯清水。每次你学到一点新东西，就直接把它倒进杯子里，任由其与清水混合在一起。因为当时你的理解力更灵活，新知识和思想得以互相融合，激发各种联系和联想。后来，你进入高中，接受了特定科目的学习。你自然而然地将你学到的东西进行定义、标记和分类。历史与化学逐渐区分开来，经济和体育也渐行渐远，热情的爱好脱离了"真正的工作"。你杯子里的水变得更像冰块，由无数相互分隔的小冰块冻结而成，每一块都是你日积月累的各种专业知识。这种专业划分十分有助于培养分析思维，如果有人要求你分析某一专业问题，找出唯一正确答案的时候，它就能派上用场。在进行分析思维的过程中，你要遵循特定的规则和逻辑步骤，以达成一致的解决方案。在这一过程中，你会有意识地评判、批评、提炼或扼杀你的一些思考和想法。心理学家把这种不断收敛的思维过程称为"聚合思维"。

但是，如果你面对的是一个需要发挥极大创造力的挑战，比如，有人问你："你会如何重新设计并改进闹钟？"你会怎么办？这种情况下，聚合思维就发挥不了太大作用。在分析思维的惯性作用下，你会选择一块标有"闹钟"的冰块，然后把它放进一个"迷你玻璃杯"中仔细观察。问题在于，这个认知容器中只装着你过去和闹钟的联系，所以，不管你摇晃杯子多少次，充其量只能想出比之前稍好一点的版本的闹钟，但基本还是跟之前的大同小异。[16]解决这样的问题，需要"聚合思维"活泼的兄弟"发散思维"出马。发散思维会打开自发的、自由流动的、非线性的思维大门，它会加热许多不同的冰块，并将它们混合成一种全新的混合物。如果你运气不错，这会让你创造出一款全新的改良闹钟。发散思维会孕育出不同的选项。然后，如图9.1所示，你又能利用聚合思维模式，缩减其数量。

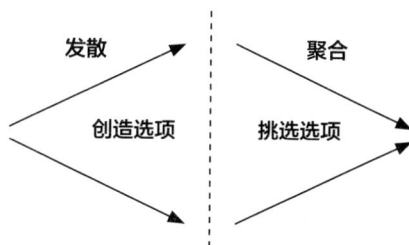

图9.1 发散—聚合创意过程

有一些学校试图挑战冰立方模式。美国佛蒙特州的一所学校已经开始将创造性思维引入每一门课程。[17]例如，老师会借用抽象艺术来教授几何学。根据班主任的报告，自从开始这样的尝试以来，学生们的数学成绩比原来提高了一倍多。不过，采用这种前景光明的教学方法的学校毕竟是少数，大多数学校和组织还是更看重分析性、聚合性思维。发散思维要么不被认可，要么就是没有将其与聚合思维有效结合运用。有时候，甚至有人会反对运用发散思维。

即使是无意为之，对发散思维缺乏起码的尊重，也会让这些学校和组织成为创造力杀手。因此，许多表示偏离某个固定话题的同义词都被视为潜在的负面词汇，就一点也不让人奇怪了，这些词包括偏离、离题、漫话、冲突、迷离、偏差、异议等。

为了解决类似闹钟的创造力问题，你既需要发散思维，又需要聚合思维。想要开拓你的创造力，就要将发散思维重新整合到你的思维方式中。从图9.1来看，发散—聚合思维好像是个直线过程。在启动聚合思维之前运用发散思维的确没错，但实际上，这两种思维常常互相追逐，就像小狗追逐自己的尾巴一样。你的脑子里可能冒出很多想法，然后缩小其范围，接着再运用发散思维，直到选出最好的那一个。在这一过程中，更重要的是，你得知道自己需要运用哪种思维模式，并进行相应的思考。

如何"脱轨"

心理学家埃利斯·保罗·托兰斯研发出一套目前最常用的发散思维测试，这套测试通过鼓励你进行发散思维发挥作用。进行测试时，你需要讲述一个富有想象力的故事，改进一个产品，或是用圆形或正方形等简单的图形创造出新奇的东西，其他测试项目会要求参与者针对假设的生活情况做出回应，比如测试中会问："如果学校全被废除，你会做些什么来让自己接受教育？"针对参与者的回答，测试人员会从以下四个方面给予评估：

1.**娴熟度**：有意义和相关的创意的数量

2.**灵活度**：涉及不同领域的创意的数量

3.**原创性**：创意在统计数据方面的稀有性

4.**精细度**：创意中细节的深度

👤 人类实验

替代使用测试

不妨尝试一下替代使用测试，这个测试的目的在于让你从不同角度看待熟悉的事物。从你家里选一个普通的物品，我刚在我家走了一圈，顺手记下了这几样东西：

衣架

熨斗

椅子

垃圾桶

从中选出一个物品，将计时器设定1分钟计时，在这段时间里，尽可能多地写出它的不同用法。不要花太多时间思考每一个答案，这项测试不要求"正确"答案。这项测试有助于训练你的大脑，融化很久以前冻结的冰块，让你用全新的视角看世界。你可以单独一个人做这项测试，作为一项热身运动，锻炼你自己的创造力肌肉，同时，你也可以跟其他人一起进行这个测试。完成这项测试后，对照着上面四项评估标准，检查一下你的答案。许多年来，我让许多商务人士进行了这项简单的脑力锻炼，在这一过程中，看到大家不断进步，也是这项测试的吸引之处。一开始，他们并不习惯这种思维方法，后来他们就熟能生巧了。

幽默有何可取之处

在每年的爱丁堡边缘艺术节上，都会举行最搞笑笑话的投票活动。2018年，亚当·罗凭借这句话夺冠："在就业中心工作一定很焦虑，因为你知道，如果你被解雇了，第二天还得到这里来。"一年前，肯·郑的夺冠笑话是："我不喜欢新版英镑硬币，但话说回来，我讨厌所有零钱。"[1]2016年，马赛·格拉汉姆的笑话胜出："我爸爸建议我登记一张器官捐赠卡，他可真是盯着我的心不放啊。"[18]

1　"零钱"一词在英文中也有改变的意思。——译者注

不管这些俏皮话是否能让你暗自发笑，有一点你可能会注意到，那就是它们都有一个相同的结构：先铺哏，再抖包袱。哏就像一列火车从笔直的铁轨上驶来，它会让你相信，你知道这个笑话的走向，而包袱则会让这列火车脱轨，使它转向完全意想不到的方向。[19]

就像创造性思维一样，笑话也会带给你惊喜。研究人员爱德华·德·博诺花了几十年时间开发一种被其称为"横向思维"的技巧：用新的或不寻常的视角创造性地看问题，从而解决问题。[20]就像幽默一样，按照传统的按部就班的逻辑进行思考，无法产生横向思维。两者都需要在理性的正路上转个弯，才能找到意想不到却令人愉快的解决方案。

不出所料，科学家们发现，幽默和创造力激活了大脑的相同区域。专门研究笑及其对身体影响的研究者被称为笑学家。从20世纪50年代开始，他们就发现了幽默和创造力之间的密切联系。[21]当他们扫描笑到不能自已的人的大脑时，发现欢笑是种非常复杂的认知功能，能够激活大脑的某些区域，而创造力也有相同功效。你的左脑半球负责"创造"笑话，右脑半球则帮助你"理解"它。[22]有趣的人和情境能帮助你打破常规，从不同的视角来看这个世界。

从这些研究中我们发现，别太严肃对待发散性、创造性思维。在一项针对有效头脑风暴的研究中，研究人员将产品设计师与即兴喜剧演员进行了对比实验。他们惊讶地发现，喜剧演员想出的创意（又被称为娴熟度）比专业设计师多20%。此外，他们提出的创意的创新度（灵活度）比其他人的高出25%。这项研究还发现，许多用于即兴喜剧训练的热身游戏可以有效地应用于产品设计，因为它们能极大地促进联想思维。[23]如果你看过即兴喜剧表演，不难理解，他们的表演中通常巧妙地融合了充满趣味的替代使用测试。

👤 人类实验

喜剧热身

你在网上很容易就能找到大量的热身游戏，这些游戏都源自即兴喜剧表演，其中最好的一个热身游戏叫作自由联想。你跟一人或多人组队，快速地说出一个与另一个人之前所说的话相关联的词，比如，老鼠、捕鼠器、发牢骚、坏脾气、傻瓜等。下次你想进行发散思考时，可以像喜剧演员一样热身，让笑声持续不断，这很有帮助。[24]

好笑的算法？

我们注意到，俏皮话的规则很简单，先铺哏，再抖包袱。所以，你可能会想，人工智能会很擅长这个。但你错了。现在有许多创作笑话和表情包的算法，但到目前为止，它们创造出来的东西都十分无趣。下面是专门负责写俏皮话的人工智能创作的"笑话"：

拧灯泡的时候你怎么称呼你的猫？
他们可能会担心香蕉。[25]

这甚至都不能称为一个糟糕的笑话。幽默需要融入自我意识、自发性、语言复杂性、共情能力和创造力。如果一句简单的俏皮话就超出了人工智能的能力范围，那么，想要它在日常生活中讲点有趣的逸事或即兴来句俏皮话，就更难了。让人发笑是一种终极图灵测试，对人工智能而言，讲笑话是极其困难的任务。对人类来说，则是与生俱来的技能。

👤 人类实验

娱乐是很严肃的事

心理学家卡鲁娜·苏布拉马尼亚姆进行过一项研究，她分别对两组观看不同电影的参与者进行了观察。一组看了部喜剧电影，另一组则观看了有名的恐怖电影《闪灵》。看完电影后，这两组参与者又参与了相同的猜词游戏，结果，观看喜剧电影的参与者在玩这个智力游戏时更有创造力。苏布拉马尼亚姆对这一结果很感兴趣，她对参与者进行了核磁共振扫描。结果显示，观看喜剧电影的人的大脑前扣带皮层的活动增强，而这一区域正好与创造力有着密切联系。[26]

因此，在尝试创新之前先让自己有个好心情是有道理的。你要找出那些能让你随时绽放笑容的东西：一段你最喜欢的脱口秀喜剧演员的视频，一部搞笑电影（我最喜欢的是《万世魔星》），或是给一个总能让你精神振奋的朋友打通电话。保持愉悦、开心，能刺激你大脑的奖励中心，这会促使大脑释放我们的老朋友多巴胺，促进大脑神经元之间建立新通路，而新的联系会催生新的想法。

把一个个点连接起来

路易斯·布莱叶并不是唯一一个会将各种想法串联在一起的人，阿尔伯特·爱因斯坦就认为创造力是"组合游戏"。内森·麦沃尔德是一名多产的发明家，比尔·盖茨曾评价他是"我认识的最聪明的人"。从数字显示器、3D图形、手术吻合器到基因组选择，麦沃尔德名下的专利涉及范围十分广泛，他的兴趣其实更广泛。他不仅写烹饪书，还发明了一种新型核反应堆，同时还研究恐龙和小行星。当被问及如何产生那么多创新性的想法时，他的回答很简单："某个地方会摩擦出创意的火花，然后把这些火花引到另一个地方去——一个完全不同的环境中。"[27]

将两种想法融合到一起，创造出新颖的东西，是所有创造力的基础。1440年，德国金匠约翰·谷登堡发现，如果他能加快印刷的进程，就能抓住巨大商机。后来，他将现有的活字印刷技术与葡萄压榨过程中运用的压榨原理结合起来，由此制造的印刷机促进了书籍的大规模生产和知识在整个欧洲的迅速传播。[28]500年后，斯坦福大学博士项目组迎来了两位年轻有为的计算机科学家，他们也对如何让信息更自由地传播十分感兴趣。当时新兴的互联网技术很快吸引了他们的注意力。他们发现，没什么人研究如何将一个网页连接到另一个网页。他们意识到，超链接在互联网的作用可能与学术领域的引用类似（其中一人的爸爸正好是教授）。这两个年轻人就是拉里·佩奇和谢尔盖·布林，他们的研究最终催生了谷歌公司。[29]

布莱叶、谷登堡、佩奇和布林所做的事情，被心理学家称为"远隔联想"，这个专业术语是指把不太相关的事物联系到一起，比如：

● 松果和盲人阅读
● 葡萄压榨机和印刷
● 学术引用和互联网链接

1964年，匈牙利裔英国作家阿瑟·库斯勒雄心勃勃地尝试总结人类创造力的普遍理论。他在《创造行为》一书中创造了"双联想"这个词：从两种之前不想干的模式中提取某些元素，并将其融合在一起。后来，史蒂夫·乔布斯不再忙于重塑计算机行业时，曾就创新过程发表过许多意味深长的评论。他曾把创造力描述为"把一个个点连接起来……当你问那些富有创造力的人是如何做某件事时，他们会略感内疚，因为他们并没有真正做过某件事，他们只是看到了一些东西"。[30]

这些不同的创造力观察者都在描述同一件事：你的大脑能够将两种之前毫不相关的想法联系到一起。我们已经探讨过使其成为现实的最有效的日常工具：人类超强的好奇心。日常的学习和提问自然会让你遇到不熟悉的概念。你的大脑会毫不费力地将它们融会、结合及合并在一起。但是，有时候你可能想更有意识地将两个点连接在一起。下面介绍一些经过验证的连接方法。

有点像……类比

你的讲话内容其实丰富多彩。人类的交流天然具有创造性，我们都会无意识地使用类比（"波林是个天使"）或明喻（"生活就像一场赛跑"）来表达观点。类比将两个截然不同的事物联系起来，从而更清晰地表达某一观点，同时也增加了这一观点的深度和意义。如果我告诉你，"重组我的团队就像重新摆放泰坦尼克号上的折叠躺椅一样有用"，你就能准确理解我的意思。事实上，这可能比我说"这次重组表面上看十分有用，但完全没有抓住重点"更能引起共鸣。再比如，如果我说："解释这个笑话就好像要解剖一只青蛙，虽然你们能更好地理解它，但青蛙会在这个过程中死掉。"你会更深刻地理解我的意思，比我说"为了保持'笑果'，有时候最好不要知道太多"更有效。

👤 人类习惯

类比方法

人类大脑能够理解类比（人工智能则很难理解这种间接的创造性语言）。你需要利用天生的语言创造力来解决棘手的问题。类比思维有助于放松大脑，尤其是在你对难题习以为常的时候。

具体操作技巧如下：

1.清楚地表达你遇到的麻烦或问题。

2.对其他类似的现象进行头脑风暴。

3.选一个最恰当的类比。

4.乐趣在于：解决类比问题，而不是原始问题。

5.把类比的解决方法应用到实际问题上。[31]

下面是我对各类组织进行改造过程中的一个实例：

真正的问题：虽然这种新技术系统能极大地提高效率，但我团队里的人还是反对引进它。

类比（它看起来像什么）：这就像启动一辆性能不稳定的旧摩托车。

解决类比问题（摩托车问题）：

A.请机械师解决问题。

B.把发动机拆开，修好有问题的部分。

C.换一下机油。

将摩托车问题解决方法应用到实际问题上：

A.聘请顾问或安排培训。

B.找到主要反对者，逐一化解矛盾。

C.为团队注入一些能够影响他人的"新鲜血液"。

适当运用具有决定性意义的类比，这种类比方法总是能给你僵化的思维框架注入一点活力。

隐藏策略

大卫·鲍伊正在努力发掘新的音乐方向，他陷入了创作的窠臼。为了找到下一个灵感缪斯，他躲进了柏林的一间录音室，与传奇音乐制作人布莱恩·伊诺合作。为了激发鲍伊的灵感，伊诺运用了联想的力量，而且他所运用的联想是完全随机的。为了让鲍伊的思维积极地偏离正轨，他与人合作设计了一副特殊的纸牌。[32]每当鲍伊在录音室工作失去动力时，伊诺就会从牌堆中抽出一张牌，让鲍伊按照牌上的指令演唱、演奏或作曲。伊诺把这些牌称为"隐藏策略"，它们包含一些令人讨厌的指令，例如："强调缺陷""只强调一部分，并非全部""扭转重点"，甚至还有"改变乐器的角色"。这让鲍伊十分抓狂，但他并不是唯一一个受此折磨的人。伊诺也对20世纪80年代红极一时的歌手菲尔·科林斯采用了相同的方法，后者异常愤怒，甚至大摔啤酒罐。但这招至少对鲍伊有效。在伊诺的帮助下，鲍伊发行了20世纪70年代最受好评的两张专辑。下次你找不到灵感的时候，不妨自创一些随机激发灵感的方法。

像艺术家一样偷师

专辑大获成功后，鲍伊就能继续自己的艺术收藏了。有人曾问他是如何挑选艺术品的，他打趣道："我唯一会欣赏的艺术就是那些我可以从中偷师的东西。"[33]他知道完全的独创性就是个神话传说而已。当人们给某物贴上"原创"的标签时，主要是因为他们无法追溯其初始来源。[34]巴勃罗·毕加索有句名言："好的艺术家复制，伟大的艺术家窃取。"他描述的是一段自我发现的旅程，在这段旅程中，他会变得足够自信，能够重新整理他在别人的创造性工作中发现的一些元素。在马德里的艺术学校上学的时候，年轻的毕加索会逃课，呆坐几小时，精确地模仿迭戈·委拉斯凯兹高达3米的名作《宫娥》。后来，当毕加索创造出独特的立体派风格时，他还继续沉迷于诠释委拉斯凯兹的那幅杰作。但这一次，他不再是简单地复制，他把它变成了自己的作品。毕加索在1958年发表了58幅独立画作，他在这些画中重新描绘了《宫娥》，这是他多年来满怀敬意地模仿这幅画的创造力结晶。这些画现在就挂在巴塞罗那的毕加索博物馆中。著名画家萨尔瓦多·达利则受到了毕加索的启发，他曾表示："那些不愿模仿任何东西的人，也无法创造出任何东西。"[35],[36]我们不要忘了，甲壳虫乐队和滚石乐队在刚踏上音乐之路的时候，也翻唱过别人的歌。[37]

我希望这些逸事能解放你的思想，让你有信心把别人的工作和你自己的工作联系起来，创造之前先要借鉴，然后在其中增加自己的见解或进行改造。以谷歌为例，它并不是第一家创建搜索引擎的公司，事实上，它比较晚才进入这一领域。可是，谷歌借鉴了现有概念，并应用了一个简单、独特的界面程序，持续提供理想的搜索结果。当乔治·卢卡斯创作《星球大战》的时候，他并不是从一张白纸开始，而是将科幻小说的精华与讲述善恶斗争的童话和寓言结合在一起。[38]你也可以通过相同的写作方法变得更具创造力，首先追溯字母表中字母的意义，然后在这一坚实的基础上，创作属于你的故事。

删除键不是摆设

科学家、作家斯蒂芬·沃尔夫勒姆以极客自称，他痴迷于收集有关自己的信息。他确切地知道自己每年要发多少电子邮件、开多少会、打多少电话。例如，在2002年至2012年间，他在自己的电脑上敲击键盘的次数超过1亿次。你可能会觉得他的行为略显凄凉。然而，他收集的数据揭示了关于创造力的一个基本事实：好的想法总是需要不断编辑。沃尔夫勒姆最常按的键是"删除"键，他点击它的次数高达700多万次。也就是说，他每写100个字，就要删掉7个，这相当于把一年半时间写的东西删掉。值得一提的是，他发现自己为了出版一本书而进行创造性写作时，使用删除键的频率更高。

为揭示其本质而简化事物，是发挥创造力的重要阶段。莎士比亚、莫扎特和巴赫都曾沉迷于重写和重新作曲，以创作出属于他们自己的最好的作品。列奥纳多·达·芬奇为此创造出一个短语："简单是极致的复杂。"史蒂夫·乔布斯非常喜欢这句话，他用它来定义苹果的美学哲学。小说家斯蒂芬·金将自我编辑的艺术提升到一个新的层次。他是当代最多产的作家之一，出版了80多本书。他每天习惯写2000字，才有了这一惊人的产量。从1980年年初到1999年年底，金出版了39本书，文字量超过500万字。但是，如果他在这19年时间里每天写2000字，他的总文字量一定会更多：接近1400万字。这就表示金必须为他留下的每一个字抹去几乎两个字。因此，他说出"你电脑上的删除键不是摆设"这样的话，就毫不令人意外了。[39]

汗水战胜灵感

托马斯·爱迪生有句名言："天才是1%的灵感加上99%的汗水。"

爱迪生所说的浸透汗水的艰苦工作是你创造之旅中最艰难的一段，但也是最重要的一段。它是许多创新传说中默默无闻的英雄。你还记得乔治·德·梅斯特拉尔在阿尔卑斯山的顿悟吗？他将植物上尖锐毛刺与一种新型衣扣联系在一起，从而发明了维可牢尼龙搭扣，我们需要看到的是，如果没有再花14年的时间来为这一创意申请专利，他的奇思妙想可能无用武之地。我们还提到过亚历山大·弗莱明，1928年，他在遗忘的培养皿中发现了青霉素，因此闻名世界。同样，如果不是牛津大学的一个研究小组承担了净化青霉素的棘手任务，从而使其能够大规模生产，这一切都将毫无意义。

即使是近乎神话的创造天才阿尔伯特·爱因斯坦也是通过不懈努力才在历史上获得一席之地。在发表狭义相对论之后，他知道他需要把这一概念变成一个预测数学公式，以精确地描述空间、时间和物质之间的关系。[40]这对他来说并非易事。不论你是否相信，爱因斯坦从来就不是最好的数学家。在费力地完成所需的方程式时，他犯了个致命的技术错误，这个错误意味着他花了漫长的令人失望的两年时间，拼命解决一个根本不存在的问题，这也导致了距离他首次发表狭义相对论整整过去10年后，才终于向世人展示了那个伟大的公式：$E=mc^{[2]}$。

有时候，这种艰难的创造需要一些外界的帮助才能凸显其重要性。如果没有另一个男人的发明，路易斯·布莱叶的联想可能无法付诸实践。19世纪早期，伟大的军事指挥官拿破仑急需一套工具，让士兵们可以在夜间悄无声息地联络通信。老兵查尔斯·巴比埃曾亲眼看见几名士兵因为被迫在天黑后借助灯光看战斗指令而惨遭敌人射杀。为了解决这个问题，巴比埃发明了所谓的"夜间书写法"，这种书写方法就是用凸起的点代替文字，使其能被指尖感觉到。[41]后来，巴比埃去路易斯·布莱叶的学校参观访问，并展示自己的发明，而布莱叶在触摸松果的时候，就产生了类似的想法。在把这一想法变为现实的过程中，布莱叶修正了巴比埃夜间书写法中的一个小问题。

普通人的指尖无法通过一次触摸，就"读"出所有军方字码点，而布莱叶发明的盲文可以做到这一点。所有的创新者都意识到，他们是"站在巨人的肩膀上"。从艾萨克·牛顿到尼采，许多创造先驱都引用过这句话。它之所以频繁被提起，是因为它道出了创造的真理。没有什么无中生有，所有的突破都是在之前的基础上更上一层楼。

在本章中，我们重点讨论了发散思维和创意融合。所有新想法都诞生于一个想法和另一个想法的边缘地带：两种技术的边界，艺术和科学的灰色地带，不同文化的交界处，可能的事情和看似不可能的事情之间惊人的鸿沟之中，区分新旧事物的门槛上。归根到底，我们都是父母双方DNA的一次性混合产物。我们本身就是终极混合体。

在最后两章中，我们将把注意力转向另一种相遇：当一个人遇见另一个人。这里说的是4C力中的合作力，我们将探索人际关系的价值，以及如何利用它来实践你的想法。

要点回顾

● 富有创造力的巨星比其他人有更多想法，他们认为数量决定质量。

● 你既需要发散思维，也需要聚合思维——学校或企业容易错误地忽视或忽略发散思维的重要性。

● 思想的融合是所有创造力的基础，有许多方法可以使这种情况更频繁地发生，包括：

◎ 利用幽默让好心情发挥最大的创造力。

◎ 学习和体验新事物。

◎ 利用类比和随机刺激法。

◎ 借鉴已有的经验。

● 一定要充分参考和尊重前人的贡献，同时让自己"像艺术家一样偷师"。

人类实验：现在开始……

攀爬创意树

谁是你心目中的创新英雄？艺术家、作家奥斯丁·克莱恩提出用一种有趣的方式致敬对自己有影响力的人：攀爬他所谓的"家族树"。你先确定谁是对你有巨大影响的人，再开始"爬树"，然后就可以找出是什么影响了他们。他写道："学习有关那位思想家的一切知识，然后找出那位思想家喜欢的三个人，再找出有关他们的一切。尽可能多地重复这一流程，尽可能往树的高处攀爬。一旦你搭建好了自己的树，就可以开始创造属于你的枝杈了。"[42]克莱恩不是让你剽窃他人的成果，他所说的是一种训练。找到属于自己的声音的第一步不是凭直觉迈出的，而是从模仿你心目中的英雄开始。

合作力

通过一起工作来创造你无法独立完成的成就
与人类同胞交流、探索和实验的艺术

在人类的漫长历史中，学会合作和最有效地即兴发挥的人占据上风。

——查尔斯·达尔文，生物学家

人类最伟大的成就来自交流，最大的失败来自不交流。

——斯蒂芬·霍金，物理学家、宇宙学家和作家[1]

第10章 养育丑宝宝

如何建立强大的人类合作者网络

超级力量：**合作力**

舞步：**连接**

启发性问题：

● 我什么时候需要与人合作？

● 我应该怎样与人合作？

● 我应该跟谁合作？

4C价值：人际关系网

对于皮克斯动画工作室制作的动画电影，工作室联合创始人艾德·卡特姆给出过惊人的评价，他坦言："我们早期的所有电影都很烂。"既然他这么说，我们不妨来看看皮克斯早期的动画电影成绩，皮克斯早期制作的20部电影获得了45项奥斯卡提名，最终赢得了14座奥斯卡小金人。皮克斯早期的代表作品包括《玩具总动员》《海底总动员》和《超人总动员》。同时，其中大多数影片还票房大卖，跻身史上最卖座40部动画电影之列。这些影片在全球的收入加起来约为100亿英镑，[2]卡特姆和他的同事们是动画行业的佼佼者，所以，他一开始说他们的电影糟糕的时候，并不是在假装谦虚。他的话体现了敏锐的洞察力：大多数想法——即使是颇有希望的想法——在这个残酷的世界刚刚呈现出来的时候都非常糟糕，这就是为什么卡特姆称其早期的想法为"丑宝宝"。本章主要讲述在人工智能的世界里，如何凭借建立、利用人际关系的技能，有力地展现你与人工智能的不同之处，这将有助于你展开合作，把你的"丑宝宝"抚养长大，成为引人注目的人。它还将让你具备一定的影响力：让你与同侪建立联系，并能够说服他们。

在本章中，我们将探讨一些加强这种联系的方法：如何建立合作者网络，充分利用偶然机会；何时应该合作，何时需要避免合作；以及幽默和讲故事在发挥影响力方面的作用。结论也十分令人信服，为了充分发挥创意的潜力，你需要收集反馈信息和创造性燃料。在一个复杂且快速变化的世界里，你是否展开合作不是问题，如何合作才是问题。

孤独天才神话

你宝贵的创意如何才能从卡特姆所说的"烂"的程度发展到"不那么烂"的程度，实在需要一番努力，你得用上你能得到的所有帮助。孤立无援的决策者在没有任何帮助的情况下进行创新，这样的形象确实令人着迷，但并没有准确描述创新过程。正如英国哲学家、散文家托马斯·卡莱尔所言："一个人大脑中产生的思想火花会唤醒另一个大脑中相似的火花。"换句话说就是，虽然所有的创意都来自一个人的大脑，但这个人之所以能产生这些创意，离不开其他人的反馈信息。即使是智力超群的典型独行侠爱因斯坦也从其他人那里获得过灵感，他的周围充满了国际竞争对手，这些竞争对手激励了他。米凯莱·贝索是爱因斯坦最好的朋友，他在瑞士伯尔尼的专利局任职，同时也是一名物理学家，正是在与他进行了一次重要的散步后，爱因斯坦才取得了其最有价值的突破（意识到，在他的理论中，时间不是一个常数）。列奥纳多·达·芬奇管理着一间由艺术门生组成的画坊，这使他能够批量创作商业作品。对于哪些画是他自己创作的，哪些可能是由他的门生代笔的，艺术评论家们至今仍争论不休。[3]多产发明家本杰明·富兰克林创建了美国哲学协会，组织了一群同龄人来研究各种棘手的问题。位于伦敦的英国皇家学会也是出于同样的原因才成立的。[4]作家玛丽·雪莱如果没有住在日内瓦附近的一栋别墅里，就不可能写出哥特式小说《弗兰肯斯坦》。在一个下雨天，她的同伴拜伦勋爵建议大家写恐怖故事来打发时间。西格蒙德·弗洛伊德被公认为精神分析学的创始人，但他的想法其实离不开同事的启发。如果没有与一群关系紧密的巴黎画家建立联系，法国印象派画家克劳德·莫奈和皮埃尔·奥古斯特·雷诺阿就不可能取得如此巨大的创作成就。

在创作过程中，合作总是极具价值。在当今瞬息万变的环境中，在许多领域，如果没有合作，就不会有创新。我们很容易忘记我们所处的现代世界已经变得多么复杂。看看英国乐购超市或美国沃尔玛超市的货架，你会发现那上面有大约10万种在售商品，而亚马逊在售的商品超过1200万种，这还不包括图书、媒体、葡萄酒和各种服务。如果你把亚马逊第三方平台商家也计算进来，那么其在售商品总品种数将达到惊人的3.53亿。[5]而像伦敦这样的大型经济都市将提供超过100亿种商品。[6]

如果我们可以选择的产品是无穷的，单个产品本身也会十分复杂。地球上没有哪个人可以说清这个问题，更不用说凭一己之力制造出智能手机内部所有复杂的零部件。但是，如果是制造一个简单的面包机呢？

托马斯·思韦茨是伦敦皇家艺术学院设计专业的学生，他试图依照基本原理制造一台烤面包机。他拆开一个烤面包机，很快发现，即使是个普通的烤面包机，也有超过400个组件和子组件。当他发现自己仅要弄清楚如何制造这些零部件，还得弄到铜、镍、云母和塑料等基本元素时，才意识到任务量有多大。他坦言："我意识到，如果你完全从零开始，很可能要花上一辈子的时间来制造一个烤面包机。"他没能从零开始制造烤面包机，只好走捷径。即使这样，当他插上电源时，他的烤面包机还是爆炸了。[7]

如果没有合作，就不可能将21世纪所需的多样化专业技能和知识结合在一起。我们从科学领域的诺贝尔奖得主的变化中能轻易看出这一点。麻省理工学院荣休教授雷纳·韦斯在被授予诺贝尔奖时提出了反对意见。他指出，这一发现不是他和他的两位同事的功劳，而是数千名科学家40多年来集体努力的结果。[8]他强调了一个明显的趋势：1900年至1950年间，绝大多数的诺贝尔奖都授予了个人，共计39人，而在同一时期，只有4个团队以团队名义获奖。在接下来的50年里，这一情况发生了巨大变化：其间颁发了69个奖项，其中超过半数授予了合作的科学家团队。[9],[10]另一项针对50多年来1900万份研究论文和210万项专利的研究结果，也证实了这一趋势的存在。研究预测，在一些科学和工程学领域，所有发现很快都将以团队为基础进行。

我的大脑敞开了！

在冷战最激烈的时候，匈牙利数学家保罗·埃尔德什多次成功飞越铁幕。当他降落在机场时，经常会有一个由思想家组成的欢迎委员会迎接他，他会宣布："我的大脑敞开了！"这听起来可能有点不太谦虚。然而，对埃尔德什来说，这就是事实。他很可能是科学史上最具创造力的合作者。几十年来，他在世界各地编织了一张创造性合作网。他与多达500人共同创作过科学论文，而且都是经同行评议的论文。[11]年龄绝不是他的障碍，他与人合作的巅峰时期在1987年，当时他已经74岁高龄。他每10天左右就会建立一段新的思考伙伴关系。他的座右铭是："另一个屋顶，另一个实验。"

在心理学家所谓的"弱关系"研究中，埃尔德什无疑是个优秀案例。[12]如果你想效仿他，需要有意识地超越进化赋予我们的本能限制。英国进化人类学家罗宾·邓巴是针对个体可以轻松与多少人保持稳定社会关系进行研究的第一人。他发现人脑大小与个体社交人数之间存在一定关联，这就是著名的"邓巴数"[13]，而这一稳定的社交人数大约是150人。这些人就是你的"强关系"：亲密朋友和熟人。这一人数限制非常适合我们以狩猎采集为生的祖先。但是，在复杂的现代世界，你的社交圈需要更大的覆盖面，以及一个不那么亲密的关系网。这些弱关系可以激发你的创造潜力。这种说法乍听起来可能有点奇怪，但如果你仔细思考一下，就会发现这是显而易见的事实。当你在办公室聚会上不由自主地跟朋友热聊时，他们很可能早已知道你的八卦，听过你发表的各种见解，因此在听到你重复那些惊人的"新想法"时，可能会忍不住打哈欠。当然，相反的情况也很真实：你与一个人的关系越疏远，这个人就越有可能帮你找到一条创新之路，他可能会把你介绍给另一个完全不同的朋友，或是给你提供一些宝贵的新信息。弱关系就像桥梁，可以让你获得一些难得的信息。

👤 人类实验

搭桥

你很可能要付出巨大努力才能成功模仿保罗·埃尔德什，这需要你对抗与生俱来的本能。[14]但我想说，值得为此付出努力。每个月都通过网络和面对面的方式结交新朋友，不停参加新的社交活动，只为混个脸熟。在某项体育赛事的赛场外或许就能促成一场新的对话。询问一下你捐助的无家可归者的人生故事。问问你的同事周末都做了些什么，或是正在看什么能够引发他们思考的书或电影，你肯定会进行一些毫无意义的对话。但我保证，你的大脑也会在不经意间被种下新想法的种子。

萍水相逢

增加偶遇的可能性，是增强弱关系的有效方法。从历史上最有创意的建筑中，你可以学到很多有关偶遇的艺术。在20世纪很长一段时间里，纽约的贝尔实验室一直是世界上最先进的科学实验室。从这个实验室中诞生了世界上第一个晶体管，第一个激光器，以及光纤电缆等诸多发明。物理、化学、天文学和数学等不同领域的研究人员全部齐集一堂，而实验室建筑中的一个古怪设计促使这些科学家频繁展开互动交流。贝尔实验室的走廊特别长，长到你可以看到它像一个点一样消失在远方。这也意味着，当这些科学家在大厅里溜达的时候，很难不遇到一些熟人，闲聊几句，并由此碰撞出一些新想法。作者乔恩·格特纳对贝尔实验室的创意文化进行过研究，他表示："一个物理学家去自助餐厅吃午饭的过程，就像一块磁铁从铁屑旁滚过。"[15]

作为全球知名的合作中心，美国麻省理工学院的20号楼也同样声名远扬。仅在20世纪40年代，这栋朴实无华的大楼中就至少走出了9位诺贝尔奖得主。这栋大楼见证了太多创新事物，包括世界上第一台原子钟、最早的粒子加速器、子弹穿过苹果的标志性定格画面、第一款街机风格电子游戏，以及由诺姆·乔姆斯基领衔的语言学革命。[16]这栋楼之所以能涌现如此多创新事物，并不是因为它设计巧妙，它不过是个简朴得不怎么舒适的工作场所。但是，它也拥有跟贝尔实验室一样的神奇元素：偶遇机会。这栋楼里的标识和楼层编号系统实在让人费解，甚至连麻省理工学院的老人在里面都很难辨清方向。因此，里面的人常常迷路，然后就能随机碰到各种各样的人。

史蒂夫·乔布斯接手皮克斯动画工作室的时候，也没有忽视偶遇的积极影响。他亲自设计了位于旧金山海湾沿岸的总部大楼。所有房间都通向中庭，这就保证了员工有机会偶遇。他认为："创造力来自偶遇，源自不经意的讨论。你偶遇某人，问他在做什么，你惊叹，'哇'，然后你脑子里很快就会冒出各种各样的想法。"[17]

人类实验

为意外发现做准备

你们的偶遇会发生在哪里？怎样才能增加偶遇机会？可以参考下面三个建议：

> ● **参与现场：** 当你独自坐在某处的时候，不要总是埋头玩手机，抬起头来和其他人进行眼神交流。当然，尽量不要让人以为你是个怪人。
>
> ● **改变路线：** 如果你步行去上班，走不同的路线。试着去不同的咖啡馆和陌生人聊天。
>
> ● **想象偶遇有效果：** 研究表明，如果你花一分钟想象一个"可能是最好的自己"，然后写下你的想法，会大大增加积极思维和感受。简单来说就是，如果你乐观看待偶遇这回事，就更有可能把它变成积极的经历。

什么时候需要合作

你并不需要随时随地与他人合作。从贝尔实验室、麻省理工学院20号楼和皮克斯总部的微妙设计中，可以窥得一些有关合作时机的线索，它们都重点强调公共空间，以此增加偶遇的可能性。但是，这些建筑中也有供人单独工作的僻静区域。这种动静平衡很重要，许多现代组织都知道合作的好处，但都没有像这样清楚地表明个人平衡的重要性。作为具有永恒价值的事物，合作常在人们的交流中顺带被提起，它被定义为"好人做的事"，是品德高尚的企业公民所具有的道德观，就像恰当的幽默感或令人满意的个人卫生标准一样。如果没有合作，你就无法从不同的群体价值中获益。但是，正如我们在专注舞步中探索的那样，漫无目的的合作只会占用你的宝贵时间。

跟太多人合作，或跟错误的人一起工作，相当于一起走一条崎岖、痛苦的路，最终会一无所获。在偶遇过程中，你要表现得积极、大方，偶遇经常能让你认识有趣的人。然后，你再有条不紊地从战略角度思考应该跟哪些人建立更深层次的合作伙伴关系。选择什么时候寻求合作，什么时候闭门静思，是我们这个高度互联时代的一项关键技能。

人类习惯

意义何在？

　　能够明确回答"我为什么要这么做"是合作的黄金法则。这一点听起来很简单，但却经常被人忽视。想想你现有或潜在的合作者。你能清楚地写出与他们联系和合作有什么用吗？如果不能，也不要担心，要么重新考虑合作团队，要么重新考虑合作时机。

养育宝宝

　　艾德·卡特姆和皮克斯团队意识到，由于人们习惯将早期想法与最终产品进行比较，创造性合作也可能出错。为了安全地抚养他们的"丑宝宝"，他们创建了一个专门的论坛，导演和制片人可以在这里找到建设性的反馈意见，他们称之为"智囊团"[18]。卡特姆解释说："创意很脆弱……（早期想法）并不是他们长大后的美丽缩影。他们真的很丑，笨拙又未成形，脆弱又不完整。他们需要我们付出时间和耐心，悉心培育才能成长。"只有经验丰富、能力出众、能够提出有用的建议的人，才能参与论坛。卡特姆认为智囊团成员的角色相当于"……保护我们的孩子不要过早承受批评，我们的工作是保护新事物"[19]。

　　那些受邀加入智囊团的人，不仅要考察他们的过往成就，还要评估其人际交往能力，他们必须有共情能力，能够设身处地地为寻求反馈意见的人着想，这并不是说他们是温暖、可亲的人。即时成像技术发明者、宝丽来公司联合创始人埃德温·兰德曾经说过："礼貌是合作的毒药。"卡特姆也曾写道："每个参与者都专注手头的电影，而不是某些隐藏的议程。他们会争吵——有时候还很激烈，但总是为项目而争吵。他们工作的动力不是那些经常潜伏在与工作相关的互动表面之下的东西，比如邀功讨赏，取悦上司，争名逐利。"[20]

游戏规则

20世纪80年代，教育和心理学副教授凯斯·索耶开始为雅达利设计电子游戏，由此开启了自己的职业生涯。他一生都致力于弄清楚创造性合作的运作原理。在华盛顿大学执教期间，他利用"互动分析"技术，录下合作小组的工作情况。然后，索耶非常认真地检视团队动态。他花了十多年的时间对爵士乐队和即兴喜剧团队进行视频分析。下面就是他通过调查得出的适用性最高的三个结论：

1.合作比单打独斗更见成效：团队真诚合作时，彼此之间会展开真正的较量，碰撞出一些东西。如果没有这种合作，就永远不可能创造出这样的东西。没有谁能独力实践完整的想法。

2.合作者观察十分仔细：喜剧演员、普通演员和爵士音乐家在创作前，都会以极大的热情倾听和观察其他表演者的表演。我们大多数人都更加关注自己将接收到什么新信息。对于其他人在做什么和说什么，我们则关注的太少，这其中的差别可能相当于爆破专家和建设者之间的差别。

3.合作有助于发现令人兴奋的问题：当一个团队想出一个新方法来

描述老问题，或是提出一个没人想到过的新问题时，最具变革性的创造力就此诞生。索耶曾写道："……最具创造力的团队善于发现新问题，而不是简单地解决老问题。"[21]

下次寻求合作时，你就可以套用这三个简单的结论。如果你和你的团队在以上三项中任何一项的得分低于8分（满分10分），最好就重新审视一下你们的游戏规则（或另找他人合作）。

合作创造更好的创意

亚历克斯·奥斯本是纽约的一名广告主管，1939年，他在总结创意团队的管理经验时，发明了头脑风暴。他夸口说，他的这一发明可以使任何团队的创意数量成倍增长。那时，他制订了一些规则：

> 不批评任何创意
> 寻求大量创意（你会通过火花舞步记住这一点）
> 以彼此的创意为创新基础
> 鼓励大胆、夸张的创意

80年后，头脑风暴仍然是最流行的团队创新方法，但有一个问题，那就是奥斯本错了，头脑风暴并不是最佳创新方法。1958年的一个著名测试发现，单独工作的人实际上提出的创意数量更多（多达团队的两倍）。更重要的是，单独工作的人提出的解决方案质量也更高，更具独创性。除此之外，近期研究表明，与奥斯本提倡的零批评态度相比，在清晰的准则和标准指导下，我们反而能想出更好的创意。那些以头脑风暴为生的人知道以上所说的都是事实。在设计咨询公司IDEO的墙上贴着一个标语，提醒项目参与者们："保持专注，不要跑题。"[22]

人类习惯

头脑风暴2.0

令人遗憾的是，使用时间最长的创新合作工具的设计仍然很糟糕。但值得庆幸的是，它还有改进的空间，我们暂且称它为头脑风暴2.0吧。我们没必要对其进行彻底改造，容许提出大胆的创意，并以彼此的创意为基础，创造出一系列可供选择的创意组合，这一核心理念堪称完美。我只是建议你简单地调整一下规则，以便从经验中获得更多帮助。下面，我根据一些最新的研究成果，附赠三个指导方针：

1.设定清晰的成功标准。 这些标准构成了以下问题的答案："无论其他情况如何，我们的创意必须实现的目标是什么？"你需要为你的创意设定一到三个清晰的标准。例如，当一个极具多样性的IDEO设计师团队（团队成员拥有语言学、心理学、生物学和商学背景）尝试改进购物车设计时，他们首先会建立一套明确可行的规则。他们一致认为，购物车必须可以"嵌套"，这样在不使用的时候，就不会占用太大空间。同时，任何设计都必须是百分之百安全的，因为研究显示，许多儿童会因为玩耍或乘坐购物车而受伤。

2.先花点时间独力工作。 这一点至关重要，而且它巧妙规避了1958年的研究中发现的问题。先要求你素有的合作伙伴进行独立思考，在至少5分钟的时间内，为他们提供一切所需的东西。如果没有这一关键步骤，你很快就会受第一个提出意见的人或团队里声音最大的人的影响。

3.任命一个引导者。这个人要确保团队考虑到每个人的创意，同时保证团队基本上遵循发散思维和聚合思维的原则。

笑一笑

笑对人类很重要，人们对欢乐的追求几乎是无限的。如果你不相信我，就在谷歌中搜索"搞笑猫咪表情包"。多项研究表明，在工作场所展现幽默感能提高工作效率，降低压力，协助做出决策，还能让你更有说服力。尽管幽默的好处显而易见，但我们在漫长的工作时间里通常习惯保持严肃。当你还是个婴儿的时候，每天平均要笑400次，而当你长大后，这一数字下降到只有15次。[23]

笑对身体和认知的好处十分明显，有助于激发创造力。由于它在人与人之间起到了强大的黏合作用，因此能提高合作的可能性，使其更有成效。[24]鼓励对方微笑被证明可以使双方关系更融洽、更亲密。[25]《幽默的优势》一书的作者迈克尔·科尔曾如此评价这种智慧："……经常暴露出隐藏在职业面具下的人的真实面目。"笑将我们联系在一起，同时也巩固了这种人类特有的联系，这就是笑具有感染力的原因所在。文化人类学家认为，人类的第一声大笑出现在危险刚刚过去，人们再次感到安全的时候。[26],[27]这与为什么你不应该给自己挠痒痒是一个道理：让别人帮你挠痒痒是一种社交活动。[28]

人类实验

用笑声增进人际关系

喜剧演员罗宾·威廉姆斯曾经说过："创造的过程就像在风洞里做爱。"[29]我猜他是想说创造可能很有趣，但也有点冒险！与此类似，使用幽默也得冒一定风险：有时候，笑话就是没法逗人发笑。但我们仍然值得冒这个险。哪怕一次幽默的尝试会暴露你的脆弱和某些本性，但它也表明，你理解工作可能很严肃，生活却可以很荒谬。关键不在于你是否风趣幽默，而在于你是否能接受幽默这种方式。具有讽刺意味的是，那些过于严肃认真的人，往往会在无意中成为笑柄。[30]

作家奥斯卡·王尔德不乏幽默细胞，他曾将讽刺形容为"最低级的智慧"。然而，哪怕只是逗得对方微微一笑，也会有所帮助。行为学家发现了一些奇怪的现象。当人们展开智慧较量时，双方都认为冲突会更激烈，但同时结果也会更有创造性。[31]这是因为，参与者不得不在想要表达的意思和实际说出口的话之间进行一番博弈。人们常常选择性遗忘王尔德的名言，虽然他谴责讽刺是最低级的智慧，但其实他后面还有一句绝妙的转折："但也是智慧的最高形式。"一个笑话就能让两个人称兄道弟，使其更有可能并肩开始创造性冒险。

让自己看到事物有趣的一面，甚至能让你得到升职的机会。80%的企业高管表示，他们认为有良好幽默感的人工作表现更好。同一项调查还发现，90%的管理人员认为，幽默感对职业发展很重要。另一项研究则发现，良好的幽默感被认为是领导者最受欢迎的特质之一。[32]研究表明，那些公认为有影响力的人比其他人更经常开玩笑。一项调查发现，优秀领导者运用幽默手段的频率是普通领导者的两倍多。研究人员甚至发现，幽默的使用与老板的薪酬水平之间存在直接关系。史蒂夫·乔布斯就看到了笑话的价值，他著名的产品演示大会比大多数专业喜剧演员的表演更能引人发笑。人类学家爱德华·霍尔指出："如果你能学会一个民族的幽默方式，并运用自如，你会发现，你还能掌控几乎所有其他事情。"[33]

找出其中的因果关系需要动点脑筋。你有创造力是因为你风趣幽默，还是因为你有创造力，所以变得风趣幽默？诺贝尔奖得主、美国物理学家理查德·费曼对开玩笑非常在行：他不敲邦戈鼓的时候，就喜欢搞恶作剧。[34]老实说，谁在乎其中的因果关系呢？哲学和大脑化学物质之间显然关系密切。即使事实并非如此，幽默和创造力也会让生活变得有意义，有助于表达我们共有的人性。

👤 人类实验

坏主意头脑风暴

知名设计咨询公司IDEO创始人戴夫·凯利认为："如果你加入某个组织，而周围都是一群刻板的人，我敢保证，他们不太可能创造出任何东西。"[35]他手下的设计师们在为创意工作热身时，首先要进行一场快速的"坏主意"头脑风暴，其目的在于为他们所要面临的挑战找出最奇怪、最不可行的解决方案。最荒谬的解决方案会引发哄堂大笑，让大家头脑里的化学物质沸腾起来。

人类实验

没错，而且……

就因为第一反应说出的一句"没错，但是……我们以前试过，价格太高了，在这里行不通，听起来太冒险，人们会笑话我们，等等"，有多少创意眨眼间就被扼杀在摇篮里？有效促进创造性合作的一个方法是，借用即兴喜剧的技巧，做出强有力的回应："是的，而且……"一开始就扫除失败的阴影，保证能激发任何团队的创造力，你只需记住一点：在有限的时间里，对所有创意都做出积极回应。对于你听到的创意，只需回应："没错，而且……"同时再给之前听到的创意增加一点细节和价值。你增加的东西越新颖，效果越好。美国著名喜剧演员蒂娜·菲曾写道："总是说'没错，而且……'代表总是同意，并且在讨论中增加一些东西。比方说，在跟同伴进行即兴表演的时候，绝不要说'不'。如果你正划船顺流而下，你不会说'不，我们在叠衣服'，你会说'没错，而且我们真的可以用桨代替我的手臂'。"[36]当然，并不是所有的创意都是好的。因此，在你说了"没错，而且……"之后，可以停顿一下，想想你想保留哪些创意，哪些应该被扔到一边。不管发生什么事，你都能享受一些乐趣。

曾经……

如果你想影响其他人，与他们建立联系，除了讲笑话，你还应该讲故事。神经科学家发现，当我们听到一个以角色为导向的故事，其中包含丰富的情感内容和隐喻时，我们的大脑会释放一种叫作催产素的神经化学物质。[37]当我们被其他人信任或被施以善意的时候，大脑也会做出相同的反应。在这两种情况下，催产素都能增强我们的共情能力，而这会激发我们与他人合作的意愿。当信息被转化为一个扣人心弦的故事时，能帮助我们理解和记住关键点。至关重要的是，这还意味着我们更有可能根据所听到的采取行动。有效的创造性合作需要你说服周围的人去冒险和尝试新事物。当然，你首先得熟悉一些东西，你需要做些统计，收集一些数据。但是，永远不要忘记，人绝不会仅受数据本身影响，他们只会被数据体现出的对他们的意义说服。建立这种联系的最有效方法就是用故事来包装数据。[38]讲故事本质上是一种创造性行为。你的想象力是限制你发挥的唯一障碍。你需要集中注意力，在你的故事交流中增加一些创造性元素：幽默、角色、图像、悬念和隐喻。无论是在我们小时候，还是在我们喜欢的书籍和电影中，我们都知道什么样的故事才是一个好故事。

👤 人类实验

通过讲故事与他人建立联系

下次当你试图改变他人的观点、影响他人或与他人建立联系时，你会如何运用创造性故事这一方法呢？如果你想从此过上幸福生活，那就学会讲故事吧。讲好一个故事，能激发听者的参与感和信任，它首先能刺激听者的大脑，进而抓住他们的心。

要点回顾

● 在人工智能的世界里，建立和利用人际关系是将自己与人工智能区别开来的重要方法。

● 在创新过程中，合作总是有价值的。在当今瞬息万变的环境中，在许多领域，没有合作，就没有创新。

● 一个孤独的天才在没有任何帮助的情况下创造一切的神话很吸引人，但并没有准确描述创造过程。

● 如何开始合作与协作：

◎ 建立弱关系，这是通向知识的桥梁，没有它，你就无法获得所需的知识。

◎ 充分利用偶遇的力量。

◎ 充分理解你为什么需要合作，这是一个需要慎重做出的选择。跟错误的人进行不合时宜的创新，只是在浪费你的宝贵时间。

◎ 灵活运用头脑风暴2.0技巧。

◎ 评估你的合作者的行为，确保他们不是在"玩游戏"。

◎ 以享受乐趣为目标，它能在人与人之间起到强大的社交黏合剂的作用，提高合作的可能性和效果。

◎ 想要影响不同团队，就要学会用故事包装你的创意和数据。

人类实验：现在开始……

创建智囊团

艾德·卡特姆认识许多极具天赋的创意人物，包括独一无二的史蒂夫·乔布斯。然而有意思的是，他说他从来没遇到过"哪个人能清楚地说明自己一开始奋斗时的目标是什么"。对于这个问题，你和我可能也一样不清楚答案。

所以，你更需要创建属于你的智囊团，协助你认清自己的创新愿景。关于如何召集能为你提供宝贵反馈意见的合作者，可以参考下面这些基本原则：

● 制作一份人选名单：6人左右为宜，方便控制局面。

● 选择专业人士：你的智囊团成员必须拥有恰当的知识。不妨运用这一基本原则进行挑选：每个人在生活中都很重要，但不是每个人的意见对所有事情都很重要。

● 具备选择态度：他们还需要有恰当的思维模式：不是每个人都拥有一定的想象力，能够帮助养育"丑宝宝"。能在发挥共情能力和无畏的直言不讳之间找到平衡的人，才是最理想的团队成员。迅速剔除那些不能协助推进项目的人（这是第一时间得到反馈的唯一意义）。

● 发挥灵活性：团队成员或许不能一直聚在一起，你要做好分散交流和虚拟交流的准备。

● 接受你才是"丑宝宝"家长的现实：制订一些基本规则，用来筛选你想获得的积极反馈，但是，吸纳这些反馈是你的职责所在。如果你请求他人发表意见，然后又驳斥他们的意见，没什么比这更糟糕了。所以，不管你听到多么尖锐的反馈意见，你要做的只是要求对方澄清问题。如果你不认同对方的意见，那就稍后再解决这个问题，而不是当时就表示反对。

生活就是尝试一些事情，看看它们是否奏效。

——雷·布拉德伯里，作家

第11章　大处着眼，小处着手，快速学习

为什么需要通过不停地实验来检验你的创意是否成功？

超级力量：**合作力**

舞步：**实验**

启发性问题：

● 当我不知道哪个创意行之有效的时候，我应该做些什么？

● 我该如何检验我的创意？

● 我应该选择实践哪个创意？

4C价值：哪个有效，哪个无效？

我们都知道托马斯·爱迪生发明了灯泡。但是，这个大家早已熟知的故事其实有点问题，那就是它并不是事实。19世纪70年代末，许多发明家都在研究煤气灯的替代品。煤气灯的光源闪烁不定，更不要提由它导致的窒息死亡、火灾和毁灭性爆炸等"问题"了。早在爱迪生着手发明之前，其他人已经发明了23种不同的灯泡。其中一些很好用，已经被用作街道和建筑物照明。

对所有尝试改造灯泡的设计者来说，面临相同的技术挑战：能够让足够强大的电流穿过灯丝，既让它发光，又不会引燃它。最大的困难在于如何找到能充当持久灯丝的最佳物质。爱迪生的团队测试了无数替代材料，包括6000多种植物材料。商业上的问题也很棘手：如何以合适的成本造出照明时间足够长的灯泡？最后，爱迪生发现充当灯丝的最佳材料是碳化棉线，由它制成的灯丝能连续照明13小时。1880年1月27日，他成功地申请了专利。

由此可见，爱迪生并不是第一个发明灯泡的人，他只是通过高度结构化的反复试错，发明出最好的灯泡。我们可以说，灯泡并不是他最大的成就。他在电力、电影、电信、电池和录音方面的开创性成就也不是他最大的成就。他如何做成所有这些事才是他最大的成就。他最令人印象深刻的贡献不是他的发明，而是他在位于美国新泽西州门洛帕克市的实验室实现这些发明的过程：那是一个管理无数精心设计的小实验的过程。对爱迪生而言，公司首先是一个"实验工厂"。他有一句名言："我没有失败1000次，灯泡是一项需要我走1000步的发明。"实验看起来好像是科学家才会做的事情，而不是你能在现实生活中应用的技术，但现在我们要来看看相反的情况为何也成立。在本章中，我们将学习为什么当世界变得不可预测，无法预知行动结果的时候，实验是你能做出的最适当的反应。当你无法预知未来时，实验就能派上用场。

在连接舞步中，我们探索了如何通过合作和反馈来改进你的创意。实验则是最后的舞步，因为在某些时候，你需要检验你的创意。实验会让你看到，你的创意会成功还是失败。最重要的是，这种方法可以让你在押上声誉、时间和金钱，以一种更具实质性的方式检验创意之前，以最小的风险稳步向前。

优秀的人们信心尽失

尽管人工智能有很强的预测能力，我们仍然不知道哪些新奇的创意和产品会一举成功，哪些会一败涂地。好莱坞编剧威廉·高德曼在回忆录中对电影业进行了这样的总结："没人知道"哪部电影会成功，哪部会消失得无影无踪。创造力研究者迪恩·基思·西蒙顿也说过类似的话："富有创造力的人显然没有能力借助经验或通过提升专业技能来提高成功率，这也是创新特别吸引人之处……有创造力的人，即使是所谓的天才，也永远无法预见最终赢得赞誉的会是智力创新，还是审美创新。"[1]换句话说，即使是最具天赋的人，也不知道自己的哪些创意是好创意。实验之所以有帮助，是因为如果你不提前测试一些创意，就不可能预测出它们的长处和有效性。

想要做出这种预测非常困难。然而，即使人类明显无法预见未来，我们还是愿意相信我们可以。我们倾向于躲藏在这种带有虚假确定性的气泡中，实验却能戳穿它。心理学家菲利普·泰洛克进行的一项长达20年的研究表明，我们有自我欺骗的倾向。1984年，泰洛克还是美国国家科学院资历最浅的成员，他负责研究里根总统应该如何应对苏联在冷战中的战略行动。他对专家们的预言进行了研究，惊讶地发现了一个共同点：他们都持反对意见。他接下来又对近300名政治和经济趋势方面的权威发言进行了分析。他让他们对可能发生的事情做出预测，然后耐心等待，看看他们的预测是否会成真。他发现，与那些作为对照样本的没有专业知识的大学生做出的预测相比，专业人士的预测更为准确，你或许也预料到了这样的结果。然而，他后来透露，深厚的专业知识并不能转化为任何接近完美的预测。但是，有实例证明，研究加拿大的专家比真正研究俄罗斯的"专家"更善于预测俄罗斯发生的事情。[2]

今时今日，未来比以往任何时候都难以预见。在科技、商业和政治

领域，我们似乎在不断刷新历史。例如，绝大多数金融专家没有预见到
2008年那场毁灭性的信贷危机。8年后的2016年，英国公投决定退出欧
盟也同样出乎大多数资深政治专家的意料。就在同一年，经验丰富的
民调专家没能预测出唐纳德·特朗普会在美国总统大选中获胜。尽管如
此，许多人仍然更愿意生活在一个自我过滤的充满虚假确定性的气泡
中。他们对自己预测未来的能力盲目自信。英国诗人叶芝在《基督重
临》一诗中优雅地描述了人类的这一倾向："优秀的人们信心尽失，坏
蛋们则充满了炽烈的狂热。""信心尽失"的人更喜欢实验，因为它能
揭示什么在现实中有效。

大处着眼，小处着手，快速学习

实验是以行动为基础的。实验的目的在于验证你的某个假想或某个
事实，以便你对创意项目做出"做"或"不做"的决定。实验的艺术在
于尽可能花费最少的时间、金钱和精力，尽可能彻底地了解什么有效，
什么无效。法国哲学家德尼·狄德罗曾写道："获取知识的主要方法有
三种……对自然的观察、反思和实验。观察获得事实，反思将两者结合
在一起，实验则能检验这一结合的结果。"

与好奇心和创造力相似，实验也是一门哲学。这种决策方法可以用
一句口号来总结："大处着眼，小处着手，快速学习。"实验修正了那
句老话："三思而后行！"实验把它换成了："先行而后思。"实验可
能意味着冒泡的试管、意外爆炸和发黑的脸。然而，如果正确设计，它
们不应该有危险。实验的目的在于将整体风险尽可能降低到最低水平。
从本质上说，实验是绘制通往真理最快捷径的一次尝试，这条捷径能在
最大程度上降低你从悬崖摔下去的风险，同时也能让你从最佳视角观察
你感兴趣的对象。

愿意实验，表明你有承认自己无知的意愿。英国历史学家阿诺德·汤因比创作了大量文章，做了许多演讲和报告，闻名世界。人们无法理解他是如何取得如此大的成就。当被问到这个问题时，他答道："我每天都在学习明天需要做的事情。"[3]邓小平曾建议，当不确定的洪流在你周围翻涌时，"摸着脚下的石头过河"。硅谷企业家埃里克·莱斯在《精益创业》中巧妙地总结了这一点，他将实验定义为一种"有效学习"工具。实验能让你脚踏实地，一步步摸索着前进。[4]你需要积累足够多的知识，才能迈出下一步。承认自己不知道事情将如何发展需要一定的勇气，这也许就是企业的经理们还没有广泛运用实验方法的原因，他们常常热衷于假装自己知道所有答案。正如诺贝尔奖得主、奥地利物理学家埃尔温·薛定谔所言："在对知识的真诚探索中，你经常不得不无限期地忍受无知。"[5]

人类实验

自己写新闻稿

实验不需要太复杂。亚马逊首席执行官杰夫·贝佐斯鼓励员工编写简单的新闻稿，以此来检验自己的创意。这份新闻稿要在潜在产品的第一次内部讨论会上使用，而不是为了产品发布会编写。这样做是为了在投入几个月的时间进行昂贵的开发和烧钱的营销活动之前，从客户的角度审视一下这个新创意。

花几分钟写一篇半页纸的新闻稿，介绍你最喜欢的增值创意，这种严格要求的方法有助于：1.厘清你的思路；2.迅速阐明你的创意对他人有什么好处；3.将你自己放在潜在用户的位置上。

计划 VS 即兴

想象一下两个朋友相约一起吃午饭，如果他们都出生在1980年之前，他们就是"数字移民"。计算机大概是从1980年开始普及。在此之前出生的人已经获得了一生中有限的数字能力，就像学习一门外语一样。出生在1980年以前的人，可能会提前通过短信或电话约定午餐时间、地点和日期。然而，如果是80后，这个人更有可能是"数字原生代"。在她的记忆中，人生中似乎没有哪一刻离开电脑。对她来说，她的婴儿床上可能安装着能上网的屏幕。她更有可能以一种截然不同的方式安排自己的午餐。首先，她会感到肚子饿；然后，她会用智能手机上的定位服务找到最近的餐厅；最后，她会通过社交媒体公开自己的位置，看看哪些朋友可以和她一起吃饭。年轻人不做计划，他们天生就会即兴发挥。[6]代际问题研究专家塔米·埃里克森是我的同事，为人极具洞察力，他就喜欢开玩笑说："如果你开始计划某事，你可能已经老了！"

实验是即兴发挥的近亲，它当然位于确定性光谱和计划的另一端。计划对于有固定结果的项目很有用，比如约定在特定的时间和地点吃午饭，或是向月球发射一枚火箭。你先锁定月球的位置，然后制订如何让火箭到达那里的详细行动计划。过去，我们为生活制订计划。21世纪初，我还是一名战略咨询顾问，我们通常会预测未来三到五年可能会发生的事情。我们当时用这样的时间跨度来衡量时代变化的速度，而现在看来，这个标准就显得有点可笑。

实验不像登月任务，它更像开车，你知道你现在所走的路和前进的方向。实验是位于道路边缘和你为保持正常行驶路线而不断微调方向之间的持续不断运行的反馈环。[7]实验依靠的是我们现在所能观察到的事物，而不是想象中未来某一时刻发生的事情。在快速变化的世界里，实验必不可少，因为与为不确定的未来做长远计划相比，尝试并看看结果如何更有意义。

什么时候开始实验

不是任何时候都适合做实验。想象一下，你刚躺上手术台接受麻醉，就在你即将昏睡过去的时候，你的心脏外科医生凑近来，兴奋地告诉你，他要在你的内脏上实验一个效果很好但也很危险的手术。如果一名消防员冲到你失火的家里，想要用一种新奇的灭火方法灭火，你可能会有同样惊恐的反应。在可以降低风险的情况下，实验最适用于新产品、发明或未经检验的创意，在核电站值夜班时并不适合做实验。

虽然如此，生活中还是有很多时候可以用实验来增值。美国飞行员奥维尔·莱特和威尔伯·莱特每天带着五组零件来测试他们具有开创性的飞行器。他们试飞，失败，研究出了什么问题，更换备用零件，然后再次起飞。[8]1928年，美国百货零售公司西尔斯的首席执行官罗伯特·E.伍德在芝加哥开了两家相互竞争的商店，当被问及原因时，他说这是为了确保他选到正确的店址和正确的商店经理。[9]20世纪60年代，迪克·麦当劳和麦克·麦当劳两兄弟正在为一条具有开创性的厨房装配线寻找最佳设计方案，这条装配线被称为"快速服务系统"。[10]作为企业家，他们没有花钱去扩建餐厅，相反，他们用一根不起眼的粉笔，在当地一个网球场上反复设计、重新设计不同的汉堡翻转台、油炸锅和蛋黄酱分发器。为了测试该系统与厨房工作人员的互动情况，他们说服了一些当地男孩，让他们比画着做了一个下午的汉堡和薯条。[11]就这样，全球快餐连锁店麦当劳就从这么一个不起眼的实验中诞生了。

1988年，里奇·费尔班克将目标瞄准贷款和信用卡行业的原因之一，是他认为这显然是一个进行有趣实验的机会。他与人联合创立了信用卡公司：第一资本信贷金融公司（第一资本金融公司），因为这能让他"……把企业变成一个科学实验室，在这里，关于产品设计、市场营销、沟通渠道、信用额度、客户选择、收款政策和交叉销售决策的每一个决定都通过无数实验来进行系统测试。"[12]第一资本金融公司现在每年进行8万次这样的测试，以满足费尔班克所谓的"以信息为基础的战略"，它推动该公司成为美国第五大信用卡供应商。[13]硅谷的许多标志性科技企业都用实验哲学推动自己走向成功。软件《基础版测试》是一款最新的应用程序，鼓励用户试用新功能。实验还是谷歌、亚马逊和奈飞等公司经常"智胜"竞争对手的原因之一。

脸书甚至在自己的员工身上进行实验。当管理层发现员工过量食用公司免费发放的M&M's巧克力豆后，他们派出一组行为科学家展开研究。这些博士花时间观察员工吃零食的模式，同时交叉参考有关食物心理学的学术论文。他们推测，如果公司把M&M's巧克力豆藏在不透明的容器里，而在显眼位置摆放干无花果、开心果等更健康的零食，问题就会得到缓解。结果证明：在7个星期的时间里，脸书纽约办公室的2000名员工通过M&M's巧克力豆中摄取的热量减少了310万卡路里，相当于每人少吃了9袋自动售货机量贩装的M&M's巧克力豆。[14]因此不难理解，许多主流全球性企业现在都很欢迎实验，希望以此孕育一种更具创业精神的企业文化。过去5年，我们就在伦敦商学院与石油开采、汽车、制造、招聘、化工生产、银行和保险等行业的各类组织展开了各种商业实验。

创新，还是灭亡！

假设有这么一个游戏，名为"创新，还是灭亡"。游戏区域就像个棋盘，但比普通棋盘大，是一个10×10的格子棋盘，总共由100个正方形格子组成，它代表着任何一个问题都有100种解决方法。你有10个筹码，可以在这100个格子里下注，然后通过一个有100个不同赌格的轮盘来决定胜负。通过这个游戏，你可以完美理解计划和实验之间的区别。

在传统的计划模式下，你根据分析、过去的经验和有理有据的猜测，从100个方格中选出你认为的最佳选择，我把这称为"千里眼决策法"。你把全部10个筹码都押在一个方格里，然后十指交握，认为自己胜券在握，这相当于你把所有鸡蛋放在了一个篮子里。如果真的押对了，这不失为一个完美的方法。它十分高效，而且能为你卓越的先见之明带来巨大而直接的回报。但如果你押错了，也将付出高昂的代价。

在实验模式下，你采用的方法则截然不同。你坦然承认不知道押哪个方格才会赢，唯一合乎逻辑的方法就是尽可能分散使用筹码：每个方格押一个。你把第一个筹码放在其中一个方格里，看看是否会赢。当然，这个过程会耗费比较多的时间，你得玩10个回合，测试10个方格。虽然速度较慢，但好处在于，你可以以低得多的代价，弄清楚哪些方格可以押，哪些不行。在运用这种实验方法的过程中，你重新定义了失败。你没有避开它，也没有让它变得有吸引力。你只是让它变得不那么致命。在实验模式下，有两种做法会让你尝到失败的滋味：一是花太多时间找解决方案，二是尝试下注的方格太少，然后还没等到弄清哪个会赢，就不得不放弃。

如果要把我们想象出的游戏放到现实生活中，可以把每次押筹码看成在做最小可行实验，它可以测试你的最新创意的有效性，而这个最小可行实验中的4S原则很容易记住：学到更多东西的最小（smallest）、最快（speediest）、最简单（simplest）和最安全（safest）的途径。[15]衡量实验失败的唯一标准是，失败的代价超过了你学到的东西的价值。创新建筑师巴克敏斯特·富勒发明过网格球顶，他曾言简意赅地总结道："没有失败的实验，只有结果出乎意料的实验。"因此，唯一会导致灾难的就是设计糟糕的实验。现在我们要来研究一下如何避免发生这种不幸。

人类实验

设计最小可行实验

想一个实际生活中可用到的创意，你愿意用最少的时间、精力和风险去检验它。利用4S原则（小、快、简单和安全），设计一个可以检验这个创意的最小可行实验。

保持简单

实验是在有组织的计划指导下反复试错。[16]所以，最好尽可能地把实验设计得很简单。你可以像制作基础原型、实体模型或你正在考虑的仿制品一样设计实验，尽可能简单明了。当第一资本金融公司的市场营销人员尝试找出哪一种版本的电子邮件、字体或品牌颜色最能刺激客户做出回应时，他们进行了一项被称为"A/B测试"的小实验。[17]营销团队向客户发送相同内容的两个不同版本的邮件，然后研究哪个版本邮件的回复率最高。在软件行业，创业团队有时根本不做产品，他们只是写一份有关产品好处的报告，然后邀请用户试用。与我之前讲过的亚马逊鼓励员工写新闻稿的做法相比，软件行业这些创业团队的这种做法只是迈出了一小步。然后，软件设计师会监测有多少人点击链接，留下自己的姓名，而这些人就会成为未来产品的潜在买家。

👤 人类实验

快速制作原型

"思修"（thinkering）是思考（thinking）和修补（tinkering）的结合体，这是个令人难忘的动词，作家迈克尔·翁达杰在小说《英国病人》创造了这个词。你要怎样开始"思修"才能为你的某个创意勾勒出具体的原型？这是个以行动为基础的关键步骤，IDEO的设计师们称之为"走出大脑"。从某些方面来说，这就是我们的思维方式与人工智能的区别所在：我们拥有异常灵巧的双手，可以帮助我们更实际地思考。

你可以顺便用手头上的东西制作一个赏心悦目的便宜原型：硬纸板、胶带、泡沫、乐高积木、滚筒就可以。在设计行业，通常会使用快速原型来测试产品的优缺点，它不一定非得是实体3D模型。你还可以简单勾勒出解决方案，让自己和合作者能更直观地感受到它。当面对实体性不强的服务产品时，我曾见过有商业人士扮成潜在客户模拟互动。在角色扮演的过程中，他们不仅可以解决各种各样的小问题，还能趁机发现一些商机。快速演示总是比理论化的商业计划更有说服力。

令人兴奋的问题

之前，我鼓励你去寻找一些"致命问题"，以此找出你想要解决的难题、故障和小毛病，实验则关闭了这个充满好奇的创造性思维环路，以便检验那些令人兴奋的问题的解决方案。你可能已经在生活中做了一些实验，只是没用这个词来形容这一方法，下面以我在生活中遇到过的情况举例说明。昨天，我打开办公室电灯开关，发现灯泡不亮：

- 问题：灯泡不亮。
- 提问：是灯泡坏了吗？
- 想法：换灯泡。
- 假设：如果我换了灯泡，灯具就能正常工作。
- 实验：找出新灯泡，换上。
- 证明：灯泡亮了，还是没亮？
- 结论：

A 灯泡亮了（假设得到验证）。

B 灯泡还是不亮（假设无效，所以一定是别的地方出了问题，是线路，还是保险丝……），我的下一个实验该做什么？

好吧，这不是最难的问题，而且，我得承认，换灯泡这个想法并没有什么创意。但是，这个简单的例子清楚地阐明了实验思维过程，你遇到任何情况都可以运用图11.1所示的这一思维过程。

你会注意到这个实验过程有两个特性。首先，它可以有效验证之前提到的各个舞步，正是这些舞步构成了本书的主干。做出假设，进行实验，检查结果，这些"小碎步"嵌入实验舞步中，丰富了后者的结构。其次，任何信心十足的实验都始于深思熟虑的假设。在我举的灯泡例子中，建立在假设基础上的假设是灯泡本身坏了，而不是因为停电或线路松动导致灯不亮。好的假设不是胡乱猜测，而是一套不那么完善的理论。在它被正式贴上理论标签之前，科学家会用许多不同的方法来检验它。

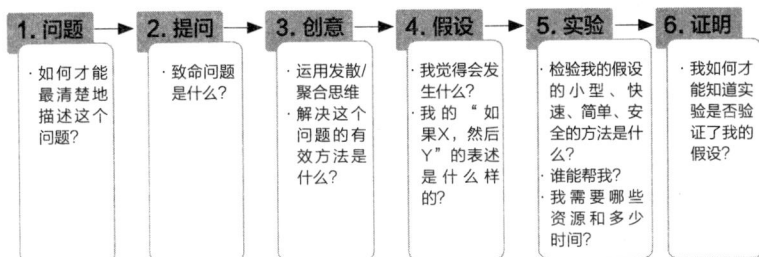

图11.1 实验过程

人类的生活充满了不言而喻的假设。例如，侦探可能会针对一次犯罪做出假设，妈妈可能会就谁把果汁洒在地毯上进行假设。下面再列举一些假设：

如果我在自行车上装上挡泥板（x），下雨的时候，溅到我背上的泥水就会少一些（y）。

如果囚犯在监狱里学会一项工作技能（x），他出狱后犯罪的可能性就会小一点（y）。

如果我们让人力资源团队在家办公（x），可能会获得一个更高效、更灵活、更快乐的工作团队（y）。

人类实验

写出假设

实验只是清晰呈现你的基本假设的一种方法，以便你认清它们是对还是错。最好能用清晰、准确的语言陈述你的假设。从上面的例子中你会发现，假设总建立在特定句式的基础上：

> "如果我们做了x，我们就认为结果会是y。"[18]
>
> 说回你之前设计的最小可行实验。现在，重述一下那个潜在实验的核心假设。你会发现，富有逻辑的语言表述会让你更容易用小实验来检验假设。

在《本能优势》这本书中，我一直鼓励你做实验。在最后这一舞步中，我只向你提供了一个更有效的方法，帮助你将探索提升到另一个层次。无论你喜欢更直观的试错方法，还是我所描述的结构化实验方法，有一点是肯定的：在一个快速变化的世界里，人们高估了愚蠢的毅力的作用，同时被高估的还有你能充分预测未来的能力。一点点进步更好。实验并不认可或鼓励失败，它只是让失败变得有生命力和有用。托马斯·爱迪生曾说过："衡量成功的真正标准是在24小时内完成实验的数量。"[19]实验可以降低你每次下注的成本。因此，如果事情没有成功，你还有更多钱留在银行里，可以让你再赌一次。

要点回顾

● 实验哲学是："大处着眼，小处着手，快速学习。"
● 并不是所有情况都适合做实验，但以下情况很适合做实验：
　　◎ 验证充满创造性的好奇想法；
　　◎ 面对21世纪的不确定性时；
　　◎ 很难做出预测的情况下，即兴发挥往往是最好的办法。
● 设计完美的实验的精髓在于花最少的时间、金钱和精力，尽可能多地了解什么有效，什么无效。
● 实验让"失败"不那么致命，甚至有一定的价值。

● 从简单的绘图、角色扮演，到更复杂的实体原型或全面合作的实验，验证假设的方法多种多样。

● 最有效的实验是简单、快速、安全的小型实验。

👤 人类实验：现在开始……

开始一生的实验

在本章中，你已经思考了你想要进行什么样的实验，可能会采取什么形式及其核心假设。现在，来试一下吧，放手做一个或多个实验。

助力：

● 阅读这本书的时候，想想你的一个或多个创意。

● 应用实验方法。即使一开始你只是写出一个线性过程，你会发现，你必须围着一个思维环路多绕几次，才能写了一个让自己满意的假设，进而设计出一个能帮助你获得一定见解的实验。

后 记

接下来会发生什么？

我希望这本书能提高你的能力，让你认清自己与人工智能的差别，而不是盲目与之竞争。或者，它至少能让你与我们在可预见的未来将面临的专用人工智能有所区别。不过，接下来会发生什么？已经有无数文章顶着末日预言般的标题，书写着超级人工智能的神话。超级人工智能出现的那一刻被称为"技术奇点"，在超级人工智能时代，人工智能将开启自我改进的学习循环。它能以闪电般的速度进化出全新的、更智能的版本。当它升级到超级人工智能的水平时，与之相比，人类就显得有点迟钝了。想象一下我们是如何看待牛、狗和猫的：可爱，有一定用处，但不是应该由其做许多决定的实体。令人恐惧的是，有知觉的超级人工智能可能会开始追求自己的目标，或者会误解我们赋予它们的目标，造成灾难性后果。根除癌症？当然，最快的方法就是杀死所有人。听起来有点熟悉？这就是在上演《终结者》中的天网和《黑客帝国》的现实版。

包括硅谷企业家埃隆·马斯克和已故英国物理学家斯蒂芬·霍金在内的许多著名技术专家和科学家，都相信奇点时代终将到来。不过，你和我现在完全有理由不必为此烦恼。首先，短期内不太可能出现这种情况。针对人工智能还要发展多少年才能至少达到人类通用人工智能水平，相关研究人员对重要的人工智能研究专家进行了多次调查询问，结果十分一致：他们无法就此问题达成一致意见。在一次全球人工智能大会所做的问卷调查中，大家普遍认为要到2055年才能看到这一幕，但也有一些研究人员推测需要数百年或者更长时间。[1]麻省理工学院经济学家安德鲁·麦卡菲曾与人合作撰写《第二次机器革命》和《与机器赛跑》，他曾表示："最大的错误想法是认为奇点（或恐惧超级智能）即将到来。"[2]曾在谷歌和百度任职的机器学习专家吴恩达则保证："今天担心超级智能和邪恶的人工智能，就像担心火星上会人口过剩一样。"[3]

其次，拥有自我意识的通用人工智能（更不用说超级人工智能）可能永远不会出现。许多科学家对此表示怀疑。由未来学家理查德·沃特森起草，伦敦帝国学院制作了一张"颠覆性技术表"。在这张表中，研发有意识的人工智能与人类头部移植、在小行星上采矿和太空电梯属于同一级别的技术。相关分析文章称："边缘科学和技术……极不可能，但实际上并非不可能。"[4]艾伦·图灵研究所总经理克里斯汀·福斯特曾开玩笑说："等到我的打印机可以和笔记本电脑对话的时候，我才会担心奇点问题！"[5]如果人工智能变得足够复杂和强大，通用人工智能就可能成为现实，这可能会导致超级人工智能的出现。谁知道呢？但这肯定是科学家和政府应该考虑和应对的事情，我并不会为此彻夜难眠。

人类+人工智能

我们更需要关心的是，人工智能同时能为我们做些什么。人工智能肯定会增强我们的能力。[6]在这一点上，我认同比尔·盖茨的说法，他预言人工智能将使我们的生活"更富有成效、更具创造力"。[7]人工智能可以使我们目前不得不做的一些烦人的事情实现自动化，让我们有更多的空闲时间，并因此减轻我们的认知负担。[8]以销售代表为例，他们高达80%的时间都用来寻找潜在客户，只有20%的时间用于完成交易。人工智能能够自动筛选潜在客户，使销售人员能够将更多注意力放到非常规的、具有更高价值的活动上。

人工智能可能会为工作场所带来潜在的创造红利，还记得前面提到的那个具有开拓性意义的聊天机器人艾米丽娅吗？当像她一样不知疲倦的客户服务人工智能可以连续无数天处理日常公务和客户常规提问时，就能将人类工作人员解放出来，借助横向思维和共情能力，甚至是偶尔闪现的幽默，帮助那些需求尚未得到满足的客户，这并不难理解。最近的调查显示，大多数人——至少在日常问题上——实际更喜欢和"知名"聊天机器人交流，而不愿跟像机器人（我知道，这很讽刺）一样按照事先准备好的脚本回答问题的人类对话。[9]

与其纠结噩梦般的未来，不如先把这个等式算出来：

人类+人工智能=？

埃森哲咨询公司的人工智能专家保罗·多尔蒂和H.詹姆斯·威尔逊在其联合著作《机器与人》中预测，人机协作将产生三个空间：[10]

1.只有人类活动的空间；

2.他们称之为"缺失的中间部分"，即人类补助机器的空间，反之亦然；

3.只有机器活动的空间，人工智能在那里表现更优异。

围绕这一主题，全球信息技术公司高知特预测了未来十年有望出现的一些职位：首席信任官、适应性承诺顾问、人机团队经理。从长远来看，他们还设想了个人记忆管理员、虚拟商店搬运工和增强现实旅行架构师等职位。他们在报告中总结道："机器能……创造自己、营销自己、销售自己吗？能运送自己、养活自己、清洁自己、修理自己吗？机器是工具，工具需要被使用，由人使用。如果不这样想，那就只能根据科幻小说的设定来推测了。"[11]

关于这个问题，国际象棋前世界冠军加里·卡斯帕罗夫一如既往地为我们指点迷津。在被深蓝打败后，卡斯帕罗夫开始对所谓的"半人马"着迷。这是一些由人类和人工智能组成的团队，以希腊神话中半人半马的生物命名。卡斯帕罗夫发起了"自由式"国际象棋锦标赛，半人马队伍在比赛中相互较量。这样的比赛将人类的直觉、创造力和计算机能轻易做到的走法计算和反击策略结合在一起。半人马给我们带来了希望。在许多这样的比赛中，熟练使用人工智能的业余人类国际象棋选手真的击败了同样有人工智能辅助的国际象棋大师。业余团队之所以占优势，是因为他们知道如何更熟练地与计算机合作，所以最终他们赢了。[12]与机器合作下棋的人类现在被认为是最强大的国际象棋游戏实体。

玛格丽特·博登既是认知科学教授，也是人工智能专家，是一位罕见的天才。她在英国萨塞克斯大学任职，她成功地将其有关创造力的一些想法同时应用到人类和她所谓的"锡罐"身上。她明确提出三种类型的创造力，试图阐明人工智能可以自己创造些什么，以及帮助人类做些什么。博登所谓的"探索"创造力是指针对已经存在的事物，在现有规则约束的前提下，探索其外延。[13]例如，蓝调音乐总是遵循相同的和弦进行，但允许音乐家在这个框架内尽情发挥。为了证明某个想法，数学家们经常会耗费几十年的时间，但他们都很清楚，必须在严格遵守现有规则的前提下展开论证。博登认为，人类的绝大部分创造力都作用于此，这也是人工智能可以做出最大贡献的领域。这种看法很合理，因为计算机非常适合用来生产大量符合特定规则的替代品。博登所说的"组合"创造力是指将两种完全不同的创意结合在一起，创造出全新的事物。我们在前面的"火花"舞步中对这一有效方法进行了一些深入探索。著名建筑师扎哈·哈迪德的作品就是个很好的例子，她将建筑学知识与对俄罗斯先锋画家卡西米尔·马列维奇纯粹形式的热爱结合在一起，创造出一种曲线优美却又略显怪异的风格独特的建筑。人工智能有助于人类发挥探索和组合创造力，它擅长创造大量符合特定指导方针的选项。然后，人类只需要从中选择可以利用哪些探索结果或奇怪的组合。博登提出的"转变"创造力则在马库斯·杜·索托伊那里获得了完美阐释。索托伊是英国数学家，也是《天才与算法》一书的作者，他提到："……转变时刻取决于改变游戏规则，或放弃过去几代人一直遵循的假设。一个数的平方总是正的。所有分子都是排成长队，而不是链状排列。必须在和谐的音阶结构中创作音乐。脸的两边都有眼睛。"[14]想想毕加索是如何用立体主义改变游戏规则的，我们很难想象机器如何在转变创造力领域发挥作用，但还是存在理论上的可能性。你可能会在人工智能应对某个特定挑战时放弃一些限制，看看会发生什么事情。可以肯定的是，人工智能将在各行各业与人类展开合作，包括一些创造性领域。随着这个新世界大门徐徐打开，人类的意识、好奇心、创造力和合作力等超能力将变得更重要。为了与人工智能和其他人类顺利合作，必须偶尔调整这些次级技能。

我们或许不需要那么害怕"机器人统领"，可以肯定的是，人工智能可以帮助我们变得比以往任何时候都强大。"高科技"人工智能还有望解放我们，让我们在与自己的创造力以及人类同胞的关系中变得更加"高敏感"。无论如何，我希望这本书在这场技术大戏拉开序幕时能让你占据优势：发挥4C力，磨砺你的人类优势之刃。随着人工智能的乐声越奏越响，接下来你会选择哪一个舞步，舞进我们共同的未来呢？

注　释

第1章

[1] Chace, Calum (2015) *Surviving AI: The Promise and Peril of Artificial Intelligence*. Three Cs. Kindle Edition, p. 45.

[2] https://spectrum.mit.edu/continuum/entering-the-second-machine-age-bring-a-hammer/

[3] 多亏了卡鲁姆·蔡斯的这一绝妙比喻。Chace, Calam (2015) *Surviving AI: The Promise and Peril of Artificial Intelligence*. Three Cs. Kindle Edition, p. 153.

[4] 彭博公司等企业都已开始使用人工智能服务。

[5] 全球消费品公司联合利华正在发挥这项技术的巨大作用。

[6] https://www.washingtonpost.com/news/the-switch/wp/2018/02/06/algorithms-just-made-a-couple-crazy-trading-days-that-much-crazier/?noredirect=on&utm_term=.54e70b2b197d

[7] 总部位于中国深圳的全球最大保险公司平安公司利用人工智能分析面试视频，以此识别说谎行为。

[8] 'GrAIt expectations' special report (source: PitchBook), *The Economist*, 31 March 2018, p. 5.

[9] 新加坡政府正尝试用人工智能扫描人群，探查恐怖主义的蛛丝马迹。

[10] 'The tech giant everyone is watching', *The Economist*, 30 June 2018, p. 11.

[11] https://www.politico.eu/article/denmark-silicon-valley-techambassador-casper-klynge/

[12] https://qz.com/1177465/forget-bat-chinas-next-generation-tech-giants-are-tmd/

[13] https://www.cbinsights.com/research/china-baidu-alibaba-tencent-artificial-intelligence-dominance/

[14] Chace, Calum (2015) *Surviving AI: The Promise and Peril of Artificial Intelligence*. Three Cs. Kindle Edition, p. 85.

[15] 由硅谷风险投资公司安德森-霍洛维茨公司的数字分析师本尼迪克特·埃文斯提供。

[16] 2017年，与人工智能相关的收购交易数量是两年前的26倍，增速惊人。'AI-Spy Leader' article (p. 15), linked to 'GrAIt expectations' special report (source: PitchBook), *The Economist*, 31 March 2018, p. 5.

[17] According to a report by MIT's *Sloan Management Review*.

[18] 麦肯锡全球研究所预测，那些在人工智能研究竞赛中胜出的公司，将获得无可比拟的经济价值。他们认为，在未来20年里，人工智能的影响将集中体现在营销和销售（1.4万亿美元）、供应链管理（1.3万亿美元）和风险管理（0.5万亿美元）三大领域。

[19] https://www.youtube.com/watch?v=SCGV1tNBoeU

[20] https://www.bbc.co.uk/news/science-environment-48193866

[21] Kasparov, Garry (2017) *Deep Thinking: Where Machine*

Intelligence Ends and Human Creativity Begins. John Murray, p. 7.

[22] 1930年，英国经济学家约翰·梅纳德·凯恩斯首次为人类与机器的斗争命名，他提出了一种"新疾病"："技术性失业……因为我们发现节省劳动力的方法的速度远远超过了为这些劳动力找到新用途的速度。"换句话说就是，从长远来看，科技的进步预示着更全面的繁荣，也意味着短期内许多人会得到不同的工作。

[23] 由吴恩达创造的说法，他曾经在谷歌和百度任职。

[24] Newport, Cal (2016) *Deep Work: Rules for Focused Success in a Distracted World*. Piatkus, Little, Brown Book Group. Kindle Edition, pp. 22—23.

[25] 以英国为例，35%的现有工作在20年内面临电脑化的高风险，70%至80%的"照本宣科式"工作都将实现自动化。但是，在一些通过掌握大量数据就可做出更好判断的领域，机器也将击败人类：审计、争取大额合同，甚至是癌症诊断。换句话说，会计师、某些销售人员，甚至是外科医生都需要清楚自己在哪些方面可以做出贡献，以及哪些方面应该让机器发挥作用。这些内容源于牛津大学马丁学院、牛津大学和德勤会计师事务所2017年的一项研究。

[26] 这些内容源于牛津大学马丁学院、牛津大学和德勤会计师事务所2017年的一项研究。

[27] 牛津大学的报告因过于悲观而受到批评，但正如我所说，即使失业情况没有预计的那么糟糕，我们也应看到人类在工作中的生存方式受到了巨大影响：https://www.telegraph.co.uk/news/2017/09/27/jobs-risk-automation-according-oxford-university-one/

[28] Daugherty, Paul R. and Wilson, H. James (2018) *Human + Machine: Reimagining Work in the Age of AI*. Harvard Business Review Press, Chapter 5.

[29] https://www.tothepointatwork.com/article/vuca-world/

[30] 在商业中，这种经历通常与"VUCA世界"相关，因为与前几代人的经历相比，它更加不稳定（volatile）、不确定（uncertain）、复杂（complex）和模糊（ambiguous）。

[31] 世界经济论坛：工作的未来。一项针对全球顶级领导者的调查，他们管理着九大产业的1300万员工。

[32] Susskind, Richard and Susskind, Daniel (2015) *The Future of the Professions: How Technology Will Transform the Work of Human Experts*. Oxford University Press, p. 37.

[33] Susskind, Richard and Susskind, Daniel (2015) *The Future of the Professions: How Technology Will Transform the Work of Human Experts*. Oxford University Press, p. 2.

[34] 'Diligence Disrupted'. *The Economist*. 14—20 July 2018, p. 61.

[35] https://www.bbc.co.uk/news/technology-44635134

[36] 我仍然要感谢世界知名思想领袖塔米·埃里克森对未来组织的深刻见解。她在讨论人类与人工智能的新兴角色时曾展示过一张类似图表，我的这张图表就是以此为基础制作的。

[37] Leslie, Ian (2014) *Curious: The Desire to Know and Why Your Future Depends on It*. Quercus. Kindle Edition, location 141—143.

[38] Leslie, Ian (2014) *Curious: The Desire to Know and Why Your Future Depends on It*. Quercus. Kindle Edition, location 148—150.

[39] 一些研究人员甚至认为，创造力和好奇心并不是我所描述的互不相连的步骤，而是密不可分的。随着本书内容的深入，我也会进一步

说明，在创造性思维中没有哪个步骤是真正独立的，它们都以一种"凌乱的"方式协同作战。但是，先单独理解它们的意义，再一起运用它们，这样操作起来更容易。

[40] Chace, Calum (2015) *Surviving AI: The Promise and Peril of Artificial Intelligence*. Three Cs. Kindle Edition, p. 83.

41如果你想多了解一些信息，可以浏览：https://www.mckinsey.com/business-functions/digital-mckinsey/our-insights/where-machines-could-replace-humans-and-where-they-cant-yet

[42] 以下内容启发了这些问题：https://www.forbes.com/sites/forbescoachescouncil/2017/02/13/how-to-beat-automation-and-not-lose-your-job/#5826d5852caf

第2章

[1] Daugherty, Paul R. and Wilson, H. James (2018) *Human + Machine: Reimagining Work in the Age of AI*. Harvard Business Review Press, p. 55.

[2] IPsoft公司在2017年为北欧斯安银行创造了她。

[3] 在本书的其余部分，除非我另有说明，当我提到"人工智能"时，都是指"专用人工智能"。

[4] https://metro.co.uk/2018/10/10/ancient-greek-myths-foretold-of-modern-technology-including-ai-driverless-cars-and-even-alexa-8023013/

[5] https://www.computerhistory.org/babbage/

[6] https://www.bbc.co.uk/news/technology-27762088

[7] https://www.bbc.co.uk/news/technology-44045424

[8] Chace, Calum (2015) *Surviving AI: The Promise and Peril of*

Artificial Intelligence. Three Cs. Kindle Edition, p. 16.

[9] 我从马丁·福特那里借用了这个绝妙的比喻。Ford, Martin（2016）*The Rise of the Robots: Technology and the Threat of Mass Unemployment*. Basic Books. Kindle Edition, location 127.

[10] 1965年，戈登·摩尔发现，自从集成电路发明以来，每平方英寸晶体管的数量每年都在翻倍。摩尔定律预测，在可预见的未来，这一趋势将持续下去。

[11] Chace, Calum (2015) *Surviving AI: The Promise and Peril of Artificial Intelligence*. Three Cs. Kindle Edition, p. 69.

[12] Chace, Calum (2015) *Surviving AI: The Promise and Peril of Artificial Intelligence*. Three Cs. Kindle Edition, p. 28.

[13] Chace, Calum (2015) *Surviving AI: The Promise and Peril of Artificial Intelligence*. Three Cs. Kindle Edition, p. 63.

[14] 这与计算机程序不同，计算机程序提供精确的、步进式指令来处理非常具体的问题，比如把一列数字加起来。

[15] 程序和算法都被称为软件。

[16] https://www.forbes.com/sites/gilpress/2018/02/07/the-brute-force-of-deep-blue-and-deep-learning/#130a40e849e3

[17] Kasparov, Garry (2017) *Deep Thinking: Where Machine Intelligence Ends and Human Creativity Begins*. John Murray. Kindle Edition, p. 5.

[18] Daugherty, Paul R. and Wilson, H. James (2018) *Human + Machine: Reimagining Work in the Age of AI*. Harvard Business Review Press, p. 60.

[19] 它常用于欺诈检测和价格预测。亚马逊的亚历克莎、苹果的希瑞和谷歌助理就是这样听懂你的话的（有时候）。

[20] 这被称为"强化"或"深度"学习。

[21] 大脑中的神经元数量与银河系中的恒星数量相当：大约有1000亿个。神经元之间通过被称为突触的结构相连接。正是这大约100万亿个突触连接的力量，在你的大脑中形成了编码信息，这些计算机的学习方式与人类相似。

[22] 可以通过这个视频看到人工智能惊人的进步：https://www.youtube.com/watch?v=V1eYniJ0Rnk

[23] 好的，请举起手来，这是一首古老的"韵律体操"乐队的流行曲。我是80后！[1]

[24] 当然，随着自动驾驶技术的兴起，它很快就会在这一领域占据显著地位。

[25] 眼尖的语法学家们：我的确知道我在这里使用了"数据"一词的复数形式。但是，我认识的人里没谁使用过它的单数形式，所以，我就把复数当成单数名词使用了。抱歉！

[26] 另一个来自杰出的卡鲁姆·蔡斯的绝妙比喻。Chace, Calam（2015）*Surviving AI: The Promise and Peril of Artificial Intelligence*. Three Cs. Kindle Edition, p. 60.

[27] 我按照1TB=1000GB的比率进行了粗略转换。1980年，IBM3380的售价在8.1万美元到14.24万美元之间：https://royal.pingdom.com/the-history-of-computer-data-storage-in-pictures/

[28] Chace, Calum (2015) *Surviving AI: The Promise and Peril of Artificial Intelligence*. Three Cs. Kindle Edition, pp. 63—64.

[29] Chace, Calum (2015) *Surviving AI: The Promisc and Peril*

---

1 此处正文原文为Systems are doing it for themselves，而"韵律体操"乐队有一首歌的英文名为Sisters Are Doin' It for Themselves. ——译者注

of Artificial Intelligence. Three Cs. Kindle Edition, pp. 173—174.

[30] 根据IBM营销云一项研究：https://public.dhe.ibm.com/common/ssi/ecm/wr/en/wrl12345usen/watson-customer-engagement-watson-marketing-wr-other-papers-and-reports-wrl12345usen-20170719.pdf

[31] Tegmark, Max (2017) *Life 3.0: Being Human in the Age of Artificial Intelligence.* Penguin Books Ltd.

[32] 这被认为是"女性的工作"，所以美国航空航天局在20世纪40年代和50年代的人类计算机都是由女性充当，而且通常是黑人女性，她们被称为"穿裙子的计算机"。讽刺的是，正是一群杰出的黑人女性先驱想出了如何把一个白人男性送入地球轨道的办法。2016年的电影《隐藏人物》就完美再现了这群女性的故事。对任何对进入仍由男性主导的科学领域感到紧张不安的年轻女性来说，这个故事都足够鼓舞人心。

[33] Cognizant (2018) '21 Jobs of The Future', Center for the Future of Work.

[34] Tegmark, Max (2017) *Life 3.0: Being Human in the Age of Artificial Intelligence.* Penguin Books Ltd. Kindle Edition, location 899—910.

[35] https://www.news.com.au/technology/innovation/inventions/how-aconfused-ai-may-have-fought-pilots-attempting-to-save-boeing-737-max8s/news-story/bf0d102f699905e5aa8d1f6d65f4c27e

[36] Tegmark, Max (2017) *Life 3.0: Being Human in the Age of Artificial Intelligence.* Penguin Books Ltd. Kindle Edition, location 876.

第3章

[1] 很多人都用过这个疑似杜撰的故事，最为人所知的可能是肯·罗宾逊爵士在TED演讲"学校扼杀创造力"中对它的引用。如果你还没看过这个演讲，我强烈建议你看一看。

[2] Kelley, David and Kelley, Tom (2013) *Creative Confidence: Unleashing the Creative Potential Within Us All*. William Collins.

[3] Adapted from Dyer, Jeff, Gregersen, Hal and Christensen, Clayton M. (2012) 'Crush the "I'm Not Creative" Barrier', *Harvard Business Review*.

[4] 这些问题源自杰夫·H.戴尔、赫尔·葛瑞格森和克莱顿·M.克里斯坦森（2009）《创新者的基因》（载于《哈佛商业评论》）。他们进行了一项为期6年的研究，想要弄清楚创新型企业的创造性商业策略的起源，这些策略通常具有极大的颠覆性。他们列出了一系列被其称之为"创新者基因"的东西：质疑、观察、联想和实验，对于这些东西，我在这里都进行了进一步阐释。

[5] 这是由第一策略公司具体负责开展的Adobe公司的全球标杆性研究"创造状态研究"，这项研究于2012年3月和4月进行。研究团队对5000名成年人展开调查，分别在美国、英国、德国、法国和日本选择1000人参与调查。

[6] https://hbr.org/2012/05/crush-the-im-not-creative-barr

[7] Ashton, Kevin (2015) *How To Fly A Horse*. Cornerstone Digital. Kindle Edition, location 53.

[8] Ashton, Kevin (2015) *How To Fly A Horse*. Cornerstone Digital. Kindle Edition, location 69.

[9] https://www.entrepreneur.com/article/241853

[10] https://www.verywellmind.com/what-is-the-average-

iq-2795284

[11] https://www.opencolleges.edu.au/informed/features/the-value-of-connecting-the-dots-to-create-real-learning/

[12] https://www.psychologytoday.com/gb/blog/finding-the-next-einstein/201104/if-you-are-creative-are-you-also-intelligent

[13] Fry, Hannah (2018) *Hello World: How to Be Human in the Age of the Machine.* Transworld Digital. Kindle Edition, location 2,930.

[14] du Sautoy, Marcus (2019) *The Creativity Code: How AI is Learning to Write, Paint and Think.* Fourth Estate. Kindle Edition, location 44—45.

[15] https://www.forbes.com/sites/falonfatemi/2018/08/17/how-ai-will-augment-human-creativity/#7523edbd711b

[16] https://www.independent.co.uk/life-style/gadgets-and-tech/news/ai-robots-artificial-intelligence-racism-sexism-prejudice-bias-language-learn-from-humans-a7683161.html

[17] https://www.businesslive.co.za/redzone/news-insights/2018-07-30-does-ai-mean-the-end-of-creativity

[18] https://www.ibm.com/watson/advantage-reports/future-of-artificia-lintelligence/ai-creativity.html

[19] https://www.forbes.com/sites/annapowers/2018/04/30/creativity-is-the-skill-of-the-future/#12a946944fd4

[20] 早在3年前，乔治·兰德就创建了一个研究和咨询机构，研究如何提高创造性表现。他借鉴了20世纪60年代初乔伊·吉尔福德和埃利斯·保罗·托兰斯开创新的创造力研究成果：https://worldbusiness.

org/fellows/george-land-ph-d/

[21] https://www.youtube.com/watch?time_continue=12&v=ZfKMq-rYtnc

[22] https://marginalrevolution.com/marginalrevolution/2011/12/teachers-dont-like-creative-students.html

[23] MacLeod, Hugh (2009) *Ignore Everybody: And 39 Other Keys to Creativity*. Portfolio. Kindle Edition.

[24] 2019 奈飞纪录片《创意大脑》: https://www.netflix.com/gb/title/81090128

[25] https://www.forbes.com/sites/augustturak/2011/01/09/its-not-what-we-think-but-how-we-think-3-leadership-lessons-from-the-ibm-executive-school/#1ad96e4d631f

[26] https://www.forbes.com/sites/augustturak/2011/05/22/can-creativity-be-taught/#537aec241abb

[27] 相关内容来自他1991年的演讲: https://www.youtube.com/watch?time_continue=8&v=Gg-6LtfB5JA

[28] Duncan, Jody and Fitzpatrick, Lisa (2010) *The Making of Avatar*. Abrams.

[29] http://www.innovationmanagement.se/imtool-articles/the-difference-between-big-c-and-small-c-creativity/

[30] 见肯·罗宾逊爵士《创意能否被教会吗？》视频: https://www.youtube.com/watch?v=vlBpDggX3iE&feature=share

[31] 取自IDEO《释放创造力》课程中的一段视频。

第4章

[1] 邦妮·韦尔的博客全文: https://bronnieware.com/blog/

regrets-of-the-dying/

[2] 摘自史蒂夫·乔布斯2005年斯坦福大学毕业典礼的演讲（文字和视频）：https://news.stanford.edu/2005/06/14/jobs-061505/

[3] Harare, Yuval Noah (2018) *21 Lessons for the 21st Century*. Jonathan Cape.

[4] 从2005年开始.

[5] https://hbr.org/2018/11/9-out-of-10-people-are-willing-to-earn-less-money-to-do-more-meaningful-work

[6] 心理学家称这些外部激励因素为"外在"激励因素。

[7] Pink, H. Daniel (2009) *Drive: The Surprising Truth About What Motivates Us*. Cannongate, p. 143.

[8] 改编自丹·凯布尔的一个小测验。Cable, Dam（2018）*Alive at Work*. Harvard Business Review Press, p. 25.

[9] 心理学家称之为"享乐型幸福"。

[10] 心理学家称之为"实现型幸福"。

[11] 如果你好奇结果如何，我可以告诉你，没有多少人在这两种幸福上得到高分——也许你可以成为那个幸运儿？

[12] 感谢我在伦敦商学院的同事——这是受了丹·凯布尔的启发。Cable, Dam（2018）*Alive at Work*. Harvard Business Review Press, p. 17.

[13] https://www.ted.com/talks/angela_lee_duckworth_grit_the_power_of_passion_and_perseverance

[14] Duckworth, Angela (2016). *Grit*. Ebury Publishing. Kindle Edition, location 243—245.

[15] Csikszentmihalyi, Mihaly (2002) *Flow*. Rider, p. 4.

[16] https://www.bbc.co.uk/news/business-46793506

[17] 来自"积极组织中心"的一个视频教学案例:"使命召唤,雕刻工作:坎迪斯·比卢普斯案例"。

[18] 心理学家称之为"识解水平",我们称其为"意义水平",因为这就是意义,生命太短暂,当"意义"这个词更适合时,我们不可能记住识解这样的词。

[19] 感谢伦敦商学院的埃娜·伊内西向我推荐了坎迪斯·比卢普斯的视频案例。你可以亲眼看看坎迪斯的故事:https://www.youtube.com/watch?v=r6JtlhhdjBw&feature=youtu.be

[20] 通过引导就诊者寻找和发现生命意义的心理治疗被称为意义治疗。

[21] https://www.theguardian.com/film/2015/jun/09/viktor-frankls-book-on-the-psychology-of-the-holocaust-to-be-made-into-a-film

[22] Frankl, Viktor E. (1959) *Man's Search for Meaning*. Rider.

[23] https://www.ted.com/talks/shawn_achor_the_happy_secret_to_better_work/transcript?language=en

[24] https://www.huffingtonpost.com/entry/we-see-them-as-we-are_us_590cab8ae4b056aa2363d461

[25] Aurelius, Marcus. (2006) *Meditations*. Penguin Classics.

[26] Cable, Dan (2018) *Alive at Work*. Harvard Business Review Press, p. 147.

[27] Cable, Dan (2018) *Alive at Work*. Harvard Business Review Press, p. 155.

[28] 只要有一点想象力,你也可以在你想做的工作中进行这样的练习。

第5章

[1] Newport, Cal (2016) *Deep Work: Rules for Focused Success in a Distracted World*. Piatkus, Little, Brown Book Group. Kindle Edition, p. 119.

[2] https://www.thecoachingtoolscompany.com/coaching-tools-101-what-is-the-urgent-important-matrix/

[3] 史蒂芬·柯维博士（《高效能人士的七个习惯》）在他的代表作中将这些概念融入了"紧急重要模型"篇章中。

[4] Newport, Cal (2016) *Deep Work: Rules for Focused Success in a Distracted World*. Piatkus, Little, Brown Book Group. Kindle Edition, p. 6.

[5] 麦肯锡2012年的一项研究发现，这一比例为30%。2017年，一所加拿大大学也重申了这一比例：https://globalnews.ca/news/3395457/this-is-how-much-time-you-spend-on-work-emails-every-day-according-to-a-canadian-survey/

[6] http://humanorigins.si.edu/education/introduction-human-evolution

[7] 根据皮尤研究中心的调查。

[8] http://www.dailymail.co.uk/health/article-3310195/Rise-Smartphone-injuries-43-people-walked-glued-screen-60-dropped-phone-face-reading.html

[9] https://www.huffingtonpost.co.uk/entry/why-you-should-not-use-phone-on-toilet-germs_uk_58a6c97ee4b045cd34c07433

[10] 根据英国通信监管机构Ofcom的数据，英国人平均每2分钟就会查看一次手机：https://www.telegraph.co.uk/news/2018/08/01/decade-smartphones-now-spend-entire-day-every-week-online/

[11] https://www.economist.com/special-report/2017/02/09/
smartphones-are-strongly-addictive

[12] https://www.bbc.co.uk/news/uk-44546360

[13] https://www.theguardian.com/society/2018/sep/11/
mental-health-issues-in-young-people-up-sixfold-in-england-
since-1995

[14] Newport, Cal (2016) *Deep Work: Rules for Focused Success
in a Distracted World*. Piatkus, Little, Brown Book Group. Kindle
Edition, p. 229.

[15] Newport, Cal (2016) *Deep Work: Rules for Focused Success
in a Distracted World*. Piatkus, Little, Brown Book Group. Kindle
Edition, p. 6.

[16] Newport, Cal (2016) *Deep Work: Rules for Focused Success
in a Distracted World*. Piatkus, Little, Brown Book Group. Kindle
Edition, p. 13.

[17] https://www.economist.com/leaders/2019/01/12/the-
maturing-of-the-smartphone-industry-is-cause-for-celebration

[18] 这些消息图标通常是红色的，之所以设置成红色是因为，对人
类来说，红色是一种触发色，通常用作警告或警报信号。

[19] https://www.theguardian.com/technology/2017/may/01/
facebook-advertising-data-insecure-teens

[20] https://www.journals.uchicago.edu/doi/10.1086/691462

[21] https://www.theguardian.com/technology/2017/oct/05/
smartphone-addiction-silicon-valley-dystopia

[22] https://www.theguardian.com/technology/2017/nov/09/
facebook-sean-parker-vulnerability-brain-psychology

[23] https://www.theguardian.com/technology/2017/oct/05/smartphone-addiction-silicon-valley-dystopia

[24] 1/5的成年人每周上网时间高达40小时。

[25] 根据微软的一项研究：http://time.com/3858309/attention-spans-goldfish/

[26] 源自一篇名为《谷歌让我们变蠢？》的文章：https://www.theatlantic.com/magazine/archive/2008/07/is-google-making-us-stupid/306868/

[27] 这篇文章反响很大，很多人都觉得自己有这种直觉，这促使卡尔创作出《浅薄：互联网如何毒化了我们的大脑》一书。

[28] 来自2018年2月我在伦敦商学院全球校友会上的演讲。

[29] http://www.bbc.com/future/story/20160909-why-you-feel-busy-all-the-time-when-youre-actually-not

[30] https://www.theatlantic.com/business/archive/2014/05/the-myth-that-americans-are-busier-than-ever/371350/

[31] Goh, Joel, Pfeffer, Jeffrey and Zenios, Stefanos A. (2015) 'Workplace stressors & health outcomes: Health policy for the workplace', *Behavioral Science and Policy*.

[32] http://www.bbc.com/capital/story/20180502-how-your-workplace-is-killing-you

[33] 在美国没有医疗保险的情况。

[34] 一项美国的研究：https://www.sciencedirect.com/science/article/pii/S0272494413000340

[35] 一篇2013年的研究总结文章：https://www.bloomberg.com/news/articles/2013-07-01/ending-the-tyranny-of-the-openplan-office

[36] https://www.inc.com/geoffrey-james/science-just-proved-that-open-plan-offices-destroy-productivity.html

[37] https://globalnews.ca/news/3395457/this-is-how-much-time-you-spend-on-work-emails-every-day-according-to-a-canadian-survey/

[38] Crabbe, Tony (2015) *Busy: How to Thrive in a World of Too Much*. Piatkus.

[39] http://fortune.com/2015/02/04/busy-hurry-work-stress/

[40] 这一次又是来自极度活跃的匈牙利裔美籍心理学家米哈里·契克森米哈赖。

[41] Ashton, Kevin (2015) *How To Fly A Horse: The Secret History of Creation, Invention, and Discovery*. Cornerstone Digital. Kindle Edition, p. 70.

[42] Csikszentmihalyi, Mihaly (2013) *Creativity: The Psychology of Discovery and Invention*. Harper Perennial.

[43] https://www.campaignmonitor.com/blog/email-marketing/2019/05/shocking-truth-about-how-many-emails-sent/

[44] Newport, Cal (2016) *Deep Work: Rules for Focused Success in a Distracted World*. Piatkus, Little, Brown Book Group. Kindle Edition, p. 242.

[45] 感谢Aventus集团首席执行官、青年总裁协会成员达伦·霍兰德贡献了"尽快采取行动"这个短语，还要感谢他对本章内容的热情支持。

[46] 当你把另一个收件人添加到电子邮件中时，"CC"代表复写本（Carbon Copy）。在精确复制这项技术出现之前，复写本是指打印或手写的文件的底稿，人们通常把它放在复写纸和底稿之上。按照惯例，

在写信人签名下方使用首字母缩写"CC"或"cc",再缀以冒号,以通知主要接收人,已抄送复写本,并分发给了冒号后所列各方。

[47] https://www.entrepreneur.com/article/278302

[48] Newport, Cal (2016) *Deep Work: Rules for Focused Success in a Distracted World*. Piatkus, Little, Brown Book Group. Kindle Edition, p. 247.

[49] https://www.independent.co.uk/life-style/multitasking-productivity-levels-research-psychology-david-meyer-a8254416.html

[50] https://ideas.ted.com/why-we-need-a-secular-sabbath/

[51] Newport, Cal (2016) *Deep Work: Rules for Focused Success in a Distracted World*. Piatkus, Little, Brown Book Group. Kindle Edition, p. 158.

[52] Bakewell, Sarah (2011) *How to Live: A Life of Montaigne in One Question and Twenty Attempts at an Answer*. Vintage.

[53] Newport, Cal (2016) *Deep Work: Rules for Focused Success in a Distracted World*. Piatkus, Little, Brown Book Group. Kindle Edition, p. 2.

[54] 他有充分理由抽出时间来集中注意力。1921年,他出版了《心理类型》,说明了他的思想与昔日朋友、导师西格蒙德·弗洛伊德的思想之间日渐拉大的差距。

[55] 告诉你: https://www.google.co.uk/search?q=the+freud+museum+london&source=lnms&tbm=isch&sa=X&ved=0ahUKEwiy2O7g1YfdAhWMAMAKHSBVDccQ_AUICygC&biw=1535&bih=758#imgrc=Qa1uLKHObCfjaM

[56] Bakewell, Sarah (2011) *How to Live: A Life of Montaigne in*

One Question and Twenty Attempts at an Answer. Vintage.

[57] Csikszentmihalyi, Mihaly (2013) *Creativity: The Psychology of Discovery and Invention*. Harper Perennial, p. 58.

[58] Newport, Cal (2016) *Deep Work: Rules for Focused Success in a Distracted World*. Piatkus Little, Brown Book Group. Kindle Edition, p. 159.

[59] 在2010和2011年。

[60] 马修·基林斯沃斯和丹尼尔·吉尔伯特的研究：有趣的是，研究人员得出结论，参与者的走神通常是他们不快乐的原因，而不是结果。

[61] https://www.hs-neu-ulm.de/fileadmin/user_upload/Über_uns/Familie_und_Soziales/BIZEPS/Mindfullness_meditation_improves_cognition.pdf

[62] Newport, Cal (2016) *Deep Work: Rules for Focused Success in a Distracted World*. Piatkus, Little, Brown Book Group. Kindle Edition, pp. 33—34.

第6章

[1] Leslie, Ian (2014) *Curious: The Desire to Know and Why Your Future Depends on It*. Quercus. Kindle Edition, location 243—244.

[2] IDEO设计咨询公司《释放创造力》课程。

[3] 青年企业家组织的创始人维恩·哈尼什声称，比尔·盖茨从他的导师沃伦·巴菲特那里学到了这种技巧。

[4] https://www.cnbc.com/2019/07/26/bill-gates-took-solo-think-week-sin-a-cabin-in-the-woods.html

[5] Leslie, Ian (2014) *Curious: The Desire to Know and Why Your Future Depends on It*. Quercus. Kindle Edition, location 1313.

[6] 出于好奇，我最近通过基因组合生物技术公司23andme（www.23andme.com）检测了自己的DNA，结果显示，我有67.5%的英国人和爱尔兰人血统，21.5%的法国人和德国人血统，10.8%的西北欧人血统。

[7] https://quatr.us/greeks/pandoras-box-greek-mythology.htm

[8] 纳斯塔基金会，牛津大学马丁学院和培生集团（2017）："2030年技能就业的未来"。

[9] 琳达·格拉顿："转型企业的人力资源战略"。

[10] 格拉顿教授在2018年伦敦商学院人力资源战略论坛上讲述了这一事件：https://events.streamgo.co.uk/paving-the-way-for-the-next-decade/events/lifelong-learning-your-competitive-advantage

[11] https://www.edutopia.org/blog/why-curiosity-enhances-learning-marianne-stenger

[12] https://www.cell.com/neuron/abstract/S0896-6273(14)00804-6

[13] Rowson, Jonathan Dr (2012) 'The power of curiosity: How linking inquisitiveness to innovation could help to address our energy challenges', RSA Social Brain Centre, p. 11, 引用心理学家丹尼尔·伯莱因的研究。

[14] https://www.cbsnews.com/news/ohio-teen-hospitalized-after-playing-video-games-for-at-least-4-straight-days/

[15] https://www.bbc.co.uk/news/world-asia-pacific-12541769

[16] https://www.wired.com/2015/12/psychology-of-clickbait/

[17] Rowson, Jonathan Dr (2012) 'The power of curiosity: How linking inquisitiveness to innovation could help to address our energy challenges', RSA Social Brain Centre, p. 11. 引用宾夕法尼亚乔治·洛温斯教授研究。作为一名训练有素的经济学家，他将心理学知识应用到经济学的核心模式和问题上。

[18] Rowson, Jonathan Dr (2012) 'The power of curiosity: How linking inquisitiveness to innovation could help to address our energy challenges', RSA Social Brain Centre, p. 11.

[19] 学者们称之为知识好奇心。

[20] Rowson, Jonathan Dr (2012) 'The power of curiosity: How linking inquisitiveness to innovation could help to address our energy challenges', RSA Social Brain Centre. 这张图根据英国和加拿大探索心理学家丹尼尔·伯莱因（1924—1976）的研究制作而成，并在皇家艺术、制造业和商业学会有关好奇心的报告中引用。我已经更改了一些标签，并创造了漫游、冲浪、体验和专注这几个标签。

[21] Rowson, Jonathan Dr (2012) 'The power of curiosity: How linking inquisitiveness to innovation could help to address our energy challenges', RSA Social Brain Centre, p. 21.

[22] https://www.technologyreview.com/s/607886/curiosity-may-be-vital-for-truly-smart-ai/

[23] Chamorro-Premuzic, Tomas (2014) 'Managing yourself: Curiosity is as important as intelligence', *Harvard Business Review*.

[24] 源于《纽约时报》采访：https://www.inc.com/empact/bill-gates-warren-buffett-and-oprah-all-use-the-5-hour-rule.html

[25] http://www.theceugroup.com/9-famous-people-who-embrace-lifelong-learning/

[26] https://www.nytimes.com/2017/01/16/books/obamas-secret-to-surviving-the-white-house-years-books.html

[27] 据我所知，"5小时法则"是由Empact公司创始人迈克尔·西蒙斯首创，这是一家致力于鼓励创业者的美国公司。

[28] https://www.entrepreneur.com/article/317602

[29] https://science.howstuffworks.com/innovation/famous-inventors/10-ben-franklin-inventions9.htm

[30] Isaacson, Walter (2017) *Leonardo Da Vinci*. Simon & Schuster UK. Kindle Edition, location 175.

[31] Livio, Mario (2017) *Why? What Makes Us Curious*. Simon & Schuster. Kindle Edition, location 982.

[32] https://study.com/academy/lesson/reticular-activating-system-definition-function.html

[33] https://www.wired.com/2010/08/the-itch-of-curiosity/

[34] https://blog.bufferapp.com/connections-in-the-brain-understanding-creativity-and-intelligenceconnections

[35] http://uk.businessinsider.com/robert-palladino-calligraphy-class-inspired-steve-jobs-2016-3?r=US&IR=T

[36] https://www.businessinsider.com/the-full-text-of-steve-jobs-stanford-commencement-speech-2011-10?IR=T

[37] https://blog.bufferapp.com/connections-in-the-brain-understandingcreativity-and-intelligenceconnections

[38] Kleon, Austin (2012) *Steal Like an Artist: 10 Things Nobody Told You About Being Creative*. Workman Publishing Company. Kindle Edition, location 98.

[39] Isaacson, Walter (2017) *Leonardo Da Vinci*. Simon &

Schuster UK. Kindle Edition, location 196—197.

[40] Leslie, Ian (2014) *Curious: The Desire to Know and Why Your Future Depends on It.* Quercus. Kindle Edition, location 537—541.

[41] Adapted from Leslie, Ian (2014) *Curious: The Desire to Know and Why Your Future Depends on It.* Quercus. Kindle Edition, location 228—229.

[42] Sutherland, Rory (2019). *Alchemy.* Ebury Publishing. Kindle Edition, location 1309.

[43] Leslie, Ian (2014) *Curious: The Desire to Know and Why Your Future Depends on It.* Quercus. Kindle Edition, location 591—593.

[44] Isaacson, Walter (2017) *Leonardo Da Vinci.* Simon & Schuster UK. Kindle Edition, location 198—201.

[45] Stone, Brad (2013) *The Everything Store: Jeff Bezos and the Age of Amazon.* Transworld Digital. Kindle Edition, location 255.

[46] https://www.youtube.com/watch?v=MUPHNQkBdVw

[47] 这段话摘自格雷泽的一次采访：'Brian Grazer: A Career in Curiosity'，源于他在谷歌发表的演讲。这些想法都记录在他的书中：Grazer, Brian and Fishman, Charles (2015) *A Curious Mind: The Secret to a Bigger Life.* Simon & Schuster.

[48] 我的南非同事基思·科茨给我说了这个创意，他是全球未来主义公司TomorrowToday的联合创始人，他经常跟那些能把他从舒适区推出去的人进行"好奇心对话"。过去几年里，他和许多这样的人聊过天，其中包括一位世界冲浪冠军、一位探索虚拟现实前沿的博士研究员和一位双肺、双心移植病人。

[49] Kasparov, Garry (2017) *Deep Thinking: Where Machine Intelligence Ends and Human Creativity Begins*. John Murray. Kindle Edition, p. 61.

第7章

[1] http://news.bbc.co.uk/1/hi/england/bradford/7962212.stm

[2] Fry, Hannah (2018) *Hello World: How to be Human in the Age of the Machine*. Transworld Digital. Kindle Edition, location 238.

[3] https://www.theguardian.com/technology/2016/jun/25/gps-horror-stories-driving-satnav-greg-milner

[4] Livio, Mario (2017) *Why?: What Makes Us Curious*. Simon & Schuster. Kindle Edition, location 181.

[5] 遗憾的是，随着时间的推移，这种光彩黯淡下来，由于对这幅画进行了不明智的处理，它看起来更暗了。

[6] https://www.telegraph.co.uk/news/2019/08/13/chaos-louvre-visitors-given-just-minute-mona-lisa/

[7] Maxwell, John C. (2014) *Good Leaders Ask Great Questions: Your Foundation for Successful Leadership*. Center Street. Kindle Edition, p. 7.

[8] Psychologist Michelle Chouinard from 2007, in Leslie, Ian (2014) *Curious: The Desire to Know and Why Your Future Depends On It*. Quercus. Kindle Edition, location 558.

[9] https://www.psychologytoday.com/us/blog/darwin-eternity/201306/human-herding-how-people-are-guppies

[10] 2011年，互联网活动家伊莱·帕里泽在《过滤泡：互联网对我们的隐秘操纵》（企鹅出版社）一书中创造了"过滤泡"一词。

[11] https://www.theatlantic.com/technology/archive/2018/03/largest-study-ever-fake-news-mit-twitter/555104/

[12] Fry, Hannah (2018) *Hello World: How to be Human in the Age of the Machine*. Transworld Digital. Kindle Edition, location 254.

[13] 感谢伦敦商学院的同事格雷姆·科德林顿和TomorrowToday公司的精彩表述。

[14] Goddard, Jules and Eccles, Tony (2013) *Uncommon Sense, Common Nonsense*. Profile Books.

[15] 来自2016—2019年伦敦商学院领导力课程休息期间与塔米·埃里克森的各种谈话。

[16] Sawyer, Keith (2013) *Zig Zag: The Surprising Path to Greater Creativity*. Jossey-Bass. Kindle Edition, location 530—532.

[17] Sawyer, Keith (2013) *Zig Zag: The Surprising Path to Greater Creativity*. Jossey-Bass. Kindle Edition, location 533—535.

[18] https://www.london.edu/faculty-and-research/lbsr/innovation-hacks-straight-out-of-silicon-valley#.WryacojwZPZ

[19] 如果你选择这个众所周知的方法，我建议你在规定的方法中再深入挖掘一点，可以参考这篇文章的说明：https://www.mindtools.com/pages/article/newTMC_5W.htm

[20] Sawyer, Keith (2013) *Zig Zag: The Surprising Path to Greater Creativity*. Jossey-Bass. Kindle Edition, location 472.

[21] https://www.inc.com/eric-markowitz/life-and-times-of-instagram-the-complete-original-story.html

[22] https://www.statista.com/statistics/253577/number-of-monthly-active-instagram-users/

[23] Maxwell, John C. (2014) *Good Leaders Ask Great Questions:*

Your Foundation for Successful Leadership. Center Street. Kindle Edition, p. 15.

[24] Gregersen, Hal (2018) 'Better Brainstorming', *Harvard Business Review*.

[25] https://www.mindtools.com/pages/article/newTMC_88.htm

[26] https://www.forbes.com/sites/jeffboss/2016/08/03/the-power-of-questions/#5ac99be462a5

[27] https://www.forbes.com/sites/groupthink/2013/10/04/10-disruptive-questions-for-instant-innovation/#532949506dab

[28] 这些问题来自丽莎·博德尔的工作室，她是Future Think（未来思潮）的首席执行官，这家公司位于纽约，是一家创新和培训公司。

[29] 问题改编自：McKinney, Phil (2012) *Beyond the Obvious: Killer Questions That Spark Game-Changing Innovation*. Hachette Books. Kindle Edition.

第8章

[1] https://lifehacker.com/5972825/inspiration-is-for-amateurs--the-rest-of-us-just-show-up-and-get-to-work

[2] 来自IDEO《释放创造力》课程。

[3] Tharp, Twyla (2008) *The Creative Habit: Learn It and Use It for Life*. Simon & Schuster.

[4] Csikszentmihalyi, Mihaly (2013, reprint from 1997) *Creativity: The Psychology of Discovery and Invention*. Harper Collins, p. 363.

[5] 2019年奈飞纪录片《创意大脑》：https://www.netflix.com/gb/title/81090128

[6] 2019年奈飞纪录片《创意大脑》：https://www.netflix.com/gb/title/81090128

[7] 这是一个鲜为人知的故事，关于一项特定发明带来的意外收获，尽管这并不是一个错误。

[8] 法语单词velours（天鹅绒）和crochet（钩子）的合成词。

[9] Sawyer, Keith (2013) *Zig Zag: The Surprising Path to Greater Creativity*. Jossey-Bass. Kindle Edition, location 1339—1341.

[10] 路易斯·巴斯德发现了这个杀死细菌的过程，这个过程后来被称为巴氏杀菌。

[11] https://psychology.fas.harvard.edu/people/ellen-langer

[12] http://keithsawyer.com/

[13] Sawyer, Keith (2013) *Zig Zag: The Surprising Path to Greater Creativity*. Jossey-Bass. Kindle Edition, location 1464.

[14] Csikszentmihalyi, Mihaly (2013) *Creativity: The Psychology of Discovery and Invention*. Harper Perennial, p. 352.

[15] https://www.opencolleges.edu.au/informed/features/the-value-of-connecting-the-dots-to-create-real-learning/

[16] Kelley, David and Kelley, Tom (2013) *Creative Confidence: Unleashing the Creative Potential Within Us All*. William Collins. Kindle Edition, p. 13.

[17] 剑桥大学孤独症研究中心主任西蒙·巴伦·科思说明了这一点：https://www.theguardian.com/science/2013/jan/04/barack-obama-empathy-deficit

[18] https://www.youtube.com/watch?v=XuwP5iOB-gs

[19] "情商"这个术语现在之所以会成为我们日常用语，主要是因为1995年心理学家丹尼尔·戈尔曼所著的畅销书《情商》。

[20] 根据心理学家、"非暴力沟通"组织创始人马歇尔·卢森堡表述：https://www.bbc.co.uk/news/magazine-33287727

[21] https://www.theguardian.com/science/2013/jan/04/barack-obama-empathy-deficit

[22] https://www.psychologytoday.com/gb/blog/threat-management/201303/i-dont-feel-your-pain-overcoming-roadblocks-empathy

[23] 感谢我在新闻界的老同事朱迪·里斯向我介绍这个短语。

[24] 2014年的一项研究：https://journals.aom.org/doi/abs/10.5465/amj.2012.0575

[25] 评论家评价"创造性成功公司"。

[26] https://www.businessinsider.com/adam-grant-living-abroad-makes-you-more-creative-2016-2?r=US&IR=T

[27] Grant, Adam (2016) *Originals: How Non-Conformists Change the World*. Virgin Digital. Kindle Edition (audible version).

[28] https://www.bbc.co.uk/programmes/articles/1nS2GZDqHjPn5VQBYwfHRXK/seven-simple-ways-to-boost-your-creativity

[29] 哈佛大学研究人员杰弗里·埃伦伯根发现，睡觉后人们的创造力会提高33%，来自Sauyer, Keith（2013）*Zig Zag: The Surprising Path to Greater Creativity*. Jossey-Bass. Kindle Edition.

[30] Yong, Ed (15 May 2018) 'A new theory linking sleep and creativity: The two main phases of sleep might work together to boost creative problem-solving', *The Atlantic*. https://www.theatlantic.com/science/archive/2018/05/sleep-creativity-theory/560399/

[31] https://www.psychologytoday.com/us/blog/the-social-thinker/201712/sleep-it-boost-your-creativity

[32] https://www.youtube.com/watch?v=-P3UpuGnYKA

33 "半醒"状态是刚刚醒来的状态; "催眠"状态是指入睡前的状态。

[34] https://www.psychologytoday.com/us/blog/the-social-thinker/201712/sleep-it-boost-your-creativity

[35] 来自2018年12月15日第4电台对埃德尔自传《总是看到生活的光明面》出版的采访，该书书名来自1979年剧团参演的备受争议的电影《万世魔星》。

[36] du Sautoy, Marcus (2019) *The Creativity Code: How AI is Learning to Write, Paint and Think*. Fourth Estate. Kindle Edition, location 607—608.

[37] Isaacson, Walter (2011) *Steve Jobs: The Exclusive Biography*. Little, Brown Book Group. Kindle Edition, p. 61.

[38] https://www.huffingtonpost.co.uk/entry/harry-potter-synopsis-jk-rowling_us_59f1e294e4b043885915a95c

[39] https://medium.com/@jeffgoins/dont-waste-your-words-how-to-write-a-first-draft-that-is-crappy-but-usable-c5dbf977f5a5

[40] https://medium.com/@jeffgoins/dont-waste-your-words-how-to-write-a-first-draft-that-is-crappy-but-usable-c5dbf977f5a5

[41] Sawyer, Keith (2013) *Zig Zag: The Surprising Path to Greater Creativity*. Jossey-Bass. Kindle Edition.

[42] Fig, Joe (2009) *Inside the Painter's Studio*. Princeton Architectural Press, p. 42.

[43] 这是汤姆·彼得斯在其1991年发表的文章《追求运气》中提出的建议，文中列出了50种策略：https://tompeters.com/columns/the-pursuit-of-luck/

第9章

[1] https://www.inc.com/annabel-acton/10-pieces-of-killer-advice-from-famous-creative-ge.html

[2] http://creativethinking.net/a-simple-way-to-get-ideas/#sthash. NCFYhh33.v9ULOf5m.dpbs

[3] https://brailleworks.com/braille-resources/history-of-braille/

[4] https://medium.com/the-0mission/forget-about-the-10-000-hour-rule-7b7a39343523

[5] https://www.barnesandnoble.com/blog/every-single-stephen-king-book-ranked/

[6] Sawyer, Keith (2013) *Zig Zag: The Surprising Path to Greater Creativity*. Jossey-Bass. Kindle Edition.

[7] https://www.linkedin.com/pulse/thinking-strategies-used-creative-geniuses-michael-michalko/

[8] https://www.businessinsider.com/richard-branson-fails-virgin-companies-that-went-bust-2016-5?r=US&IR=T

[9] Sawyer, Keith (2013) *Zig Zag: The Surprising Path to Greater Creativity*. Jossey-Bass. Kindle Edition.

[10] https://www.entrepreneur.com/article/295312

[11] 2019年奈飞纪录片《创意大脑》: https://www.netflix.com/gb/title/81090128

[12] https://editorial.rottentomatoes.com/article/exclusive-the-storyboards-of-walle/

[13] http://99u.com/articles/52154/idea-sex-how-new-yorker-cartoonists-generate-500-ideas-a-week

[14] Sawyer, Keith (2013) *Zig Zag: The Surprising Path to Greater Creativity*. Jossey-Bass. Kindle Edition, location 2294.

[15] Sawyer, Keith (2013) *Zig Zag: The Surprising Path to Greater Creativity*. Jossey-Bass. Kindle Edition.

[16] 我要感谢《米哈尔科商业创意全攻略》作者迈克尔·米哈尔科贡献的这个比喻：http://creativethinking.net/combine-what-exists-into-something-that-hasnever-existed-before/#sthash.jeEBSktP.dpbs

[17] 2019年奈飞纪录片《创意大脑》：https://www.netflix.com/gb/title/81090128

[18] https://www.theguardian.com/stage/2016/aug/23/masai-graham-organ-donor-funniest-joke-edinburgh-fringe-2016

[19] https://www.streetdirectory.com/travel_guide/155647/motivation/a_sense_of_humor_increases_creativity.html

[20] https://www.edwddebono.com/lateral-thinking

[21] https://www.laughterremedy.com/article_pdfs/Creativity.pdf

[22] https://www.inc.com/yoram-solomon/humor-and-sarcasm-can-make-you-creative-science-says.html

[23] https://www.psychologytoday.com/us/blog/the-tao-innovation/201406/the-power-humor-in-ideation-and-creativity

[24] 下面分享一些很好的喜剧热身项目：https://learnim-prov.com/warm-ups/

[25] https://www.iflscience.com/technology/ais-attempts-at-oneliner-jokes-are-unintentionally-hilarious/

[26] https://www.psychologytoday.com/us/blog/the-tao-

innovation/201406/the-power-humor-in-ideation-and-creativity

[27] 取自2019年奈飞纪录片《创意大脑》：https://www.netflix.com/gb/title/81090128

[28] https://www.livescience.com/43639-who-invented-the-printing-press.html

[29] https://www.cnbc.com/2018/09/04/8-surprising-facts-you-might-not-know-about-googles-early-days.html

[30] https://www.brainpickings.org/2011/10/20/i-steve-steve-jobs-in-his-own-words/

[31] 感谢这个视频拍摄者对这一技巧的解释，我稍微做了一点改动：https://www.youtube.com/watch?v=kptxOsZitRs

[32] Harford, Tim (2016) *Messy: How to be Creative and Resilient in a Tidy-Minded World.* Little, Brown, p. 9.

[33] Kleon, Austin (2012) *Steal Like an Artist: 10 Things Nobody Told You About Being Creative.* Workman Publishing Company. Kindle Edition, location 44.

[34] Kleon, Austin (2012) Steal Like an Artist: 10 Things Nobody Told You About Being Creative. Workman Publishing Company. Kindle Edition, location 49.

[35] https://www.pablopicasso.org/picasso-and-dali.jsp

[36] Kleon, Austin (2012) *Steal Like an Artist: 10 Things Nobody Told You About Being Creative.* Workman Publishing Company. Kindle Edition, p. 167.

[37] https://www.bbc.co.uk/programmes/articles/38rJrt2ZVRlXCzXCZbBGTlH/ten-huge-bands-who-started-out-as-tribute-or-covers-acts

[38] https://www.creativethinkinghub.com/creative-thinking-and-stealing-like-an-artist/

[39] 非常感谢企业家、创意作家凯文·阿什顿为我提供了这个例子：Ashton, Kevin (2015) *How To Fly A Horse*. Cornerstone Digital. Kindle Edition, pp. 66—67.

[40] https://www.smithsonianmag.com/innovation/theory-of-relativity-then-and-now-180956622/

[41] https://brailleworks.com/braille-resources/history-of-braille/

[42] Kleon, Austin (2012) *Steal Like an Artist: 10 Things Nobody Told You About Being Creative*. Workman Publishing Company. Kindle Edition, location 87.

第10章

[1] https://www.inc.com/annabel-acton/10-pieces-of-killer-advice-from-famous-creative-ge.html

[2] https://www.filmsite.org/pixaranimations.html

[3] Isaacson, Walter (2017) *Leonardo Da Vinci*. Simon & Schuster.

[4] https://medium.com/the-aspen-institute/the-myth-of-the-lone-genius-6a5146c7da10

[5] https://www.nchannel.com/blog/amazon-statistics/

[6] Harford, Tim (2011) *Adapt: Why Success Always Starts With Failure*. Little Brown, p. 3.

[7] Harford, Tim (2011) *Adapt: Why Success Always Starts With Failure*. Little Brown, p. 2.

[8] https://www.theguardian.com/science/occams-corner/2017/

oct/04/myth-lone-genius-nobel-gravitational-waves-ligo

[9] 这里所指的50年是1951年至2001年。

[10] 颁发给个人的诺贝尔奖是33项，颁发给团队的是36项。

[11] 他因为现在众人皆知的"网络"而闻名，以至于科学界为跟他一起撰写论文的人发明了一种特殊的度量单位。如果你的名字与埃尔德什的名字一起出现在一篇论文中，人们就会说你有一个埃尔德什数。如果你与其中的合作者合写了一篇论文，你就有两个埃尔德什数，以此类推。埃尔德什数为3或更低的人共有4万。

[12] 1973年，社会学家马克·格兰诺维特发表了一篇名为《弱关系的力量》的论文，他在文中阐述了弱关系的价值。格兰诺维特将弱关系比喻为桥梁，可以让我们传播和获取信息，没有这种弱关系，我们可能根本无法获得这些信息。

[13] https://theguardian.com/technology/2010/mar/14/my-bright-idea-robin-dunbar

[14] 这种行为与本书前面介绍的"好奇的对话"属于同一类别。

[15] https://www.nytimes.com/2012/02/26/opinion/sunday/innovation-and-the-bell-labs-miracle.html

[16] Harford, Tim (2016) *Messy: How to be Creative and Resilient in a Tidy-Minded World*. Little Brown, pp. 80—82.

[17] Isaacson, Walter (2012) 'The Real Leadership Lessons from Steve Jobs', *Harvard Business Review*.

[18] Catmull, Ed (2014) *Creativity, Inc*. Bantam Press, p. 93.

[19] Catmull, Ed (2014) *Creativity, Inc*. Bantam Press, p. 131.

[20] Catmull, Ed (2014) *Creativity, Inc*. Bantam Press, p. 88.

[21] Sawyer, Keith (2007) *Group Genius: The Creative Power of Collaboration*. Basic Books, p. 16.

[22] Sawyer, Keith (2013) *Zig Zag: The Surprising Path to Greater Creativity*. Jossey-Bass. Kindle Edition, location 3136.

[23] https://hbr.org/2014/05/leading-with-humor

[24] https://www.humorthatworks.com/benefits/30-benefits-of-humor-at-work/

[25] https://www.humorthatworks.com/benefits/30-benefits-of-humor-atwork/

[26] https://www.psychologytoday.com/us/blog/the-tao-innovation/201406/the-power-humor-in-ideation-and-creativity

[27] https://www.fastcompany.com/3009489/why-humor-makes-you-more-creative

[28] Rock, David, Siegel, Daniel J., Poelmans, A.Y. and Payne, Jessica (2015) 'The Healthy Mind Platter', *NeuroLeadership Journal*, Vol. 4.

[29] https://www.laughterremedy.com/article_pdfs/Creativity.pdf

[30] https://www.forbes.com/sites/jacquelynsmith/2013/05/03/10-reasons-why-humor-is-a-key-to-success-at-work/#28ded47e5c90

[31] 欧洲工商管理学院黄黎和哥伦比亚大学亚当·D.加林斯基：https://www.scientificamerican.com/article/sarcasm-spurs-creative-thinking/

[32] https://www.forbes.com/sites/jacquelynsmith/2013/05/03/10-reasons-why-humor-is-a-key-to-success-at-work/#28ded47e5c90

[33] https://hbr.org/2014/05/leading-with-humor

[34] https://www.streetdirectory.com/travel_guide/155647/motivation/a_sense_of_humor_increases_creativity.html

[35] 人力资源管理学会加博尔·乔治·伯特和杰米·安德森的文章"用幽默激发全球职场活力"：https://www.shrm.org/ResourcesandTools/Legal-and-compliance/employment-law/Pages/global-using-humor-to-energize-the-global-workplace.aspx

[36] https://www.fastcompany.com/3024535/yes-and-improv-techniques-to-make-you-a-better-boss

[37] Zak, Paul J. (2014) 'Why Your Brain Loves Good Storytelling', *Harvard Business Review*.

[38] 感谢我在伦敦商学院的同事尼罗·希瓦纳森教授（他是个很会讲故事的人）。

第11章

[1] https://medium.com/the-0mission/forget-about-the-10-000-hour-rule-7b7a39343523

[2] Harford, Tim (2011) *Adapt: Why Success Always Starts With Failure*. Little Brown, p. 7.

[3] 感谢我在伦敦商学院的同事、战略执行专家安德鲁·麦克伦南提到这则逸事。

[4] https://www.theatlantic.com/international/archive/2011/11/chinas-steve-jobs-debate-and-deng-xiaoping/248080/

[5] https://www.prospectmagazine.co.uk/magazine/the-hunt-for-darkmatter-the-missing-ingredient-without-which-our-universe-wouldnot-exist-physics-astronomy

[6] 我要感谢塔米·埃里克森的这个精彩比喻。

[7] 感谢埃里克·莱斯的这个精彩比喻。

[8] https://www.ted.com/talks/simon_sinek_how_great_leaders_inspire_action/

[9] https://hbr.org/2009/02/how-to-design-smart-business-experiments

[10] https://science.howstuffworks.com/innovation/edible-innovations/fast-food.htm

[11] https://www.youtube.com/watch?v=u00S-hCnmFY

[12] Davenport, Thomas H. (2009) 'How to Design Smart Business Experiments', Harvard Business Review: https://hbr.org/2009/02/how-to-design-smart-business-experiments

[13] https://hbr.org/2009/02/how-to-design-smart-business-experiments

[14] https://www.washingtonpost.com/business/technology/googlecrunches-data-on-munching-in-office/2013/09/01/3902b444-0e83-11e3-85b6-d27422650fd5_story.html?noredirect=on&utm_term=.38c2b7f59bd1

[15] 我第一次从伦敦商学院同事安德鲁·麦克伦南口中听到了对"最低可行产品"和4S的不同解读。

[16] https://simplicable.com/new/business-experiments

[17] 这包括试用其中一个版本的电子邮件、字体或品牌颜色，然后与另一个版本进行比较，看看那个版本效果最好。

[18] 具有讽刺意味的是，为计算机和人工智能编码使用的也正是这套格式。写这本书真是让人大受启发！

[19] (2013) 'HBR's 10 Must Reads on Innovation', Harvard Business Review, p.99.

后记

[1] Tegmark, Max (2017) *Life 3.0: Being Human in the Age of Artificial Intelligence*. Penguin Books Ltd. Kindle Edition, location 731—732.

[2] Kasparov, Garry (2017) *Deep Thinking: Where Machine Intelligence Ends and Human Creativity Begins*. John Murray. Kindle Edition, p. 249.

[3] Kasparov, Garry (2017) *Deep Thinking: Where Machine Intelligence Ends and Human Creativity Begins*. John Murray. Kindle Edition, p. 249.

[4] https://www.imperial.ac.uk/media/imperial-college/administration-and-support-services/enterprise-office/public/Table-of-Disruptive-Technologies.pdf

[5] 2019年伦敦商学院小组活动。

[6] https://www.forbes.com/sites/falonfatemi/2018/08/17/how-ai-will-augment-human-creativity/#7523edbd711b

[7] https://www.forbes.com/sites/falonfatemi/2018/08/17/how-ai-will-augment-human-creativity/#20152a1b711b

[8] https://www.forbes.com/sites/falonfatemi/2018/08/17/how-ai-will-augment-human-creativity/#1a7c634d711b

[9] 麻省理工学院学者、技术专家和企业家迈克尔·戴维斯对我提过。

[10] Daugherty, Paul R. and Wilson, H. James (2018) *Human + Machine: Reimagining Work in the Age of AI*. Harvard Business Review Press, p. 7.

[10] Daugherty, Paul R. and Wilson, H. James (2018) *Human*

+ *Machine: Reimagining Work in the Age of AI*. Harvard Business Review Press, p. 7.

[11] Cognizant (2018) '21 Jobs of The Future', Center for the Future of Work, p. 3.

[12] http://www.bbc.com/future/story/20151201-the-cyborg-chess-players-that-cant-be-beaten

[13] du Sautoy, Marcus (2019) *The Creativity Code: How AI is Learning to Write, Paint and Think*. Fourth Estate. Kindle Edition, location 155—157.

[14] 博登的"转变"创造力与我们在前面看到的心理学家欧文·A. 泰勒的"创新/新兴"层次相对应。他提出创造力层次包括：表现创造力、生产创造力、发明创造力、创新创造力和新兴创造力。